Harald Pühl, Katrin Thorun-Brennan
Kleines Praxishandbuch Coaching

Therapie & Beratung

Harald Pühl, Katrin Thorun-Brennan

Kleines Praxishandbuch Coaching

Psychosozial-Verlag

Bibliografische Information der Deutschen Nationalbibliothek
Die Deutsche Nationalbibliothek verzeichnet diese Publikation
in der Deutschen Nationalbibliografie; detaillierte bibliografische Daten
sind im Internet über http://dnb.d-nb.de abrufbar.

Originalausgabe

Gesetzlich vertreten durch die persönlich haftende Gesellschaft Wirth GmbH,
Geschäftsführer: Johann Wirth
Walltorstraße 10, 35390 Gießen, Deutschland
06 41 96 99 78 0
info@psychosozial-verlag.de
www.psychosozial-verlag.de

Umschlagabbildung: Wassily Kandinsky, *Letztes Aquarell*, 1944
Umschlaggestaltung und Innenlayout nach Entwürfen von Hanspeter Ludwig, Wetzlar
Satz: SatzHerstellung Verlagsdienstleistungen Heike Amthor, Fernwald
Druck und Bindung: Druckhaus Bechstein GmbH
Willy-Bechstein-Straße 4, 35576 Wetzlar, Deutschland
Printed in Germany

ISBN 978-3-8379-3285-0 (Print)
ISBN 978-3-8379-7988-6 (E-Book-PDF)
ISSN 3053-5239 (Print)
ISSN 3053-5247 (Digital)

Inhalt

Hinführung

Unsere *Coaching-Ausbildung mit Herz und Verstand* im Institut Triangel hat uns gezeigt, dass ein praxisbezogenes Handbuch ein Gewinn für Einsteiger und Fortgeschrittene ist. Grundlage dieses Buches ist unsere jahrelange Erfahrung als Coaches und als Ausbilderinnen.[1]

Coaching ist schon lange kein präziser Begriff mehr. Zu inflationär wurde sein Label auf alle möglichen Beratungsangebote geklebt, vom Tiercoaching bis zum Elterncoaching.

Mit unserem Buch wollen wir nun einen deutlichen Akzent setzen. In unserem Verständnis zeichnet sich Coaching durch einen klaren Bezug zur Arbeitswelt aus. Ferner haben wir Einzelpersonen im Auge, wenn wir in diesem Kontext von Coaching sprechen. Dies können Führungskräfte, Selbstständige oder andere Fachkräfte sein, ebenso Auszubildende, Studierende, Arbeitssuchende oder Berentete. Durch diesen Fokus auf die Arbeitswelt einerseits und auf Einzelpersonen andererseits ergibt sich eine relativ klare erste Vorstellung von unserer Arbeit.

Coaching braucht zudem in unserem Verständnis zum einen das *Herz* für eine hinreichend stabile innere Haltung, für Kontakt und Intuition, um Beratungsprozesse wirkungsvoll zu gestalten, zum anderen den *Verstand* für Modelle, die uns und unseren Coachees Orientierung geben und schließlich die *Hand* für das konkrete Tun. Diese Dreiheit verstehen wir als in einem anhaltenden Aufeinanderbezogensein.

Wir sehen die Ratsuchenden außerdem in ihrer Ganzheit, das heißt, in die Arbeit fließen zwangsläufig und fortwährend persönliche Bezüge ein. Gleichzeitig wirken sich die Arbeitserfahrungen auch auf das sogenannte

1 Um den Lesefluss durch Formulierungen wie er/sie oder seine/ihre nicht zu verhindern, haben wir uns entschlossen, abwechselnd die feminine und maskuline Form zu verwenden.

Privatleben aus. Eine Trennung von Arbeit und Privatem erscheint uns daher künstlich. Die Idee, es könne zwei Leben in einem geben, ist nur theoretisch denkbar.

In der beruflichen Rolle der Coachees müssen die Interessen der Organisation und der Person unter einen Hut gebracht werden. Unvermeidlich führt das zu Ambi- oder eher Multivalenzen und Dilemmata. Daraus ergibt sich der Stoff, der die Coachingpraxis lebendig hält. Als Coaches sehen wir uns als Begleiterinnen statt als Experten für die Lösungen. Im Coaching unternehmen wir gemeinsam mit unseren Coachees den Versuch, die jeweilige Situation zu verstehen (Kopf) und eine Handlungsidee zu entwickeln (Hand), die einer inneren Stimmigkeit (Herz) folgt.

Ein zentrales Anliegen unseres Buches ist es, die beraterische Haltung unter die Lupe zu nehmen. Denn nach unserer Überzeugung kann Coaching nur in einem tragenden Kontakt erfolgreich sein. Dieser haltende Kontakt erfordert eine Form der Präsenz, die auf das eigene Innere der Coaches, der Coachees und ihren Arbeitskontext gerichtet ist. In dieser Triade kann sich ein Arbeitsbündnis entwickeln, das Veränderungsprozesse ermöglicht.

Als Eklektiker schöpfen wir sorgfältig aus dem reichhaltigen Repertoire theoretischer Hintergrundfolien und Interventionen. Vieldeutigkeit erweckt in uns eine lebendige Neugier. »Es erscheint uns nie ganz richtig, etwas für ganz falsch zu halten« (Obermeyer & Pühl, 2016).

Daher werden wir versuchen, uns in diesem Buch als Coaches so deutlich wie es geht sichtbar zu machen. Wir laden die Leserin und den Leser ein, mit uns auf die Reise in unsere von Erfolg und Freude, aber auch von Zweifel und Scheitern geprägte Coachingpraxis zu gehen. Immer wieder werden wir auch theoretisch reflektieren, was uns in unserer Beratungsarbeit begegnet, sodass sich ein verständliches Bild von *Coaching mit Herz und Verstand* abzeichnet. Vielleicht kann dieser Schritt dazu beitragen, das arbeitsbezogene Coachingkonzept klarer zu konturieren.

Unser Praxisbuch kann als Ganzes gelesen werden oder aber kapitelweise, je nach Interesse.

Unser Weg zum Coaching mit Herz und Verstand

Ich (HP) habe Coaching als berufsbezogenes Beratungsverfahren relativ spät entdeckt. Das mag mehrere Gründe haben. Zum einen bin ich Ende der 1970er Jahre als Supervisor gestartet; damals haben wir ausschließlich Teams beraten. Einzel-Supervision oder Coaching wurden weder angefragt noch angeboten. Es war die Zeit, als Gruppenverfahren en vogue waren. Encounter-Gruppen erfreuten sich beispielsweise großer Beliebtheit, in Gruppen suchte und fand man die persönliche Befreiung aus kleinbürgerlichen Zwängen. Das Buch von Horst-Eberhard Richter *Die Gruppe – Hoffnung auf einen neuen Weg, sich selbst und andere zu befreien* (1972) war so populär, dass es abends in den Kneipen als Raubdruck verkauft wurde.

Ich selbst habe ab Mitte der 1970er Jahre an einer mehrjährigen gruppenanalytischen Therapie teilgenommen. Und in der Tat war es im Sinne Richters eine Etappe meiner Selbstbefreiung. Es ist schwer zu beschreiben, wie es in dieser Gruppe zuging. Die für mich wichtigste Erfahrung war, dass Aggressionen erlaubt, ja geradezu willkommen waren. Da wurde kein Blatt vor den Mund genommen und dennoch hinterließ die Aggression keine Wunden, sondern konnte verstanden und integriert werden.

Als Gruppensozialisierter war mir die Einzelberatung geradezu unheimlich. Ich befürchtete im relativ engen Kontakt mit einem Ratsuchenden therapeutische Effekte, die mich ängstigten. Das war der große Vorteil der Gruppenarbeit: Zwischen mir und den Teilnehmenden bildete sich eine Schutzzone vor zu viel Nähe.

Es war aber auch die Zeit, als der Bedarf an Supervision in erster Linie durch Psychotherapeutinnen abgedeckt wurde. Sie hatten in ihren Therapieausbildungen Supervision kennengelernt als methodische Begleitung und Unterstützung, um ihr Therapiehandwerk zu erlernen. Das war nicht ganz ohne Nebenwirkungen in der Praxis, denn in ihrem Fokus stand, professionell bedingt, der Beziehungsaspekt, was dazu führte, dass viele Supervisanden das Gefühl hatten, in der Supervision »die Hose runterlassen zu müssen«. Um nicht in den Sog der »Therapeutisierung der Supervision« (Pühl, 1987) gezogen zu werden, hat bei mir die Hinwendung zur Einzelberatung so lange gedauert. Eine hilfreiche Brücke hat mir Burkhard Sievers (1985) mit seinem Modell der Rollenberatung gebaut. Er nimmt in seinem Modell die Person, die Rolle und die Organisation in den Blick und bot mir so einen gangbaren Weg, Nähe und Distanz konzeptionell zu regulieren. Trotz oder wegen seiner Einfachheit bietet das Rollenmodell eine klare Orientierung für Einzelberatungen und dafür, wie sich das Coaching um organisatorische und persönliche Anteile als Ganzheit balancieren lässt (s. Kapitel »Das Rollenkonzept als Grundmodell«).

Meine ersten Einzelberatungen liefen noch unter der Bezeichnung Einzel-Supervision. Anfang der 1990er Jahre übernahm Wolfgang Looss (1993 [1991]) den Coaching-Begriff aus den USA und reservierte ihn für das Management. Es reizte mich, ihn von diesem privilegierten Sockel zu holen, und ich untersuchte »Einzel-Supervision – Coaching – Leitungsberatung – Drei Begriffe für dieselbe Sache?« (Pühl, 2000) auf Gemeinsamkeiten hin mit dem Ergebnis, dass sich die Unterschiede nur kulturell begründen lassen. Inzwischen hat sich in der Beratungsszene und bei den Kunden der Coaching-Begriff in der Breite durchgesetzt, und zwar für alle Formen der Einzelberatung im Kontext von beruflicher Arbeit. Auch der Supervisionsverband, die *Deutsche Gesellschaft für Supervision und Coaching*, hat 2016 Coaching in seinen Verbandsnamen aufgenommen, freilich ohne ihn inhaltlich zu definieren, sondern vielmehr der normativen Kraft des Faktischen folgend.

Wenn ich (KTB) darüber nachdenke, wie es gekommen ist, dass ich nun als Coach arbeite, dann fallen mir als Erstes frühe Kindheitserinnerungen ein, Szenen, in denen ich meiner Mutter bei ihren Unterhaltungen mit einer Nachbarin im Hausflur zuhöre. Von dem, was gesagt wurde, weiß ich nur noch wenig. Ich erinnere mich an Gespräche über die Familie, die Kinder und Ehemänner. Wahrscheinlich war ich nebenbei mit irgendeinem Spiel beschäftigt. Es gibt aber auch Erinnerungen daran, dass ich einfach nur hinter der Tür stand und der Unterhaltung neugierig folgte. Am stärksten präsent ist bei mir heute noch die Atmosphäre zwischen den Frauen, sie hat mich wohl besonders angezogen. Es waren zugewandte Gespräche, die immer wieder andere Färbungen annahmen: plaudernd, klagend, trauernd, bestätigend, Mut zusprechend, ergänzend, Trost spendend. Sie entfalteten vielfältige Facetten an Vertraulichkeit. Die Frauen kamen sich nahe und schienen dabei doch zugleich eine gewisse Distanz aufrechtzuerhalten. Soweit ich weiß, siezen sie sich heute noch. Wenn sich die Frauen dann trennten, schienen sie zufrieden und zuversichtlich. Ich erinnere mich, dass ich es oft bedauerte, wenn diese Gespräche zu Ende gingen.

An ähnliche Szenen, in denen ich eine gespannt geduldige Zuhörerin war, erinnere ich mich auch, wenn ich mit meiner Großmutter unterwegs war. Sie lebte mit meinem Großvater in einem kleinen Dorf, in dem jeder jeden kannte. Einer der wichtigsten Orte im Dorf war der Konsum, das ostdeutsche Pendant zum Tante-Emma-Laden. Hier ging man nicht allein zum Einkaufen hin, sondern hier erfuhr man alle Neuigkeiten. Und obwohl ich genauso gern den Unterhaltungen lauschte, spürte ich doch einen gewissen atmosphärischen Unterschied zu den Gesprächen, die meine Mutter mit ihrer Nachbarin führte. Diese Unterhaltungen in kleinen, sich immer wieder neu zusammensetzenden Gruppen waren oberflächlich freundlich, doch schienen sie mir gelegentlich auch riskant, wenn in lustvoll aggressiver Weise die Toleranzgrenzen der dörflichen Gemeinschaft verhandelt wurden.

Als atmosphärisch hoch aufgeladen habe ich meine eher seltenen Visiten in der Gastwirtschaft des Dorfes in Erinnerung, in der sich nach getaner Arbeit fast ausschließlich die Männer des Ortes trafen. Meine Großmutter schickte mich gelegentlich, meinen Großvater von dort abzuholen. Ich freute mich auf eine zuckersüße Brause und die Möglichkeit, in dem zigarettenverqualmten Raum den Männern eine Weile zuhören zu können, wie sie große Töne spuckten und sich in Szene setzten. Hier schien sich eine gewisse Energie zu entladen, die ich aus anderen Kontexten so nicht kannte. Womöglich spülte Mann hier nach getaner Arbeit »mit Alkohol seinen Frust herunter, inszenierte seine im Laufe des Tages fragwürdig gewordene Großartigkeit und war so halbwegs darauf vorbereitet, dies dann in der Familie nicht mehr tun zu müssen« (Baecker, 2002, S. 227).

In diesen Erzählmomenten, die es mir angetan hatten, schien es um eine Balance zu gehen: einerseits den eigenen Platz in der Gemeinschaft mit leiser oder lauter Stimme zu behaupten, andererseits der Gefahr zu entgehen, in Ungnade zu fallen. Ich hatte offenbar schon früh dieses Interesse an etwas, das im Coaching von zentraler Bedeutung ist und wovon hier noch zu lesen sein wird: die Triangulierung. Diese Neugier, die Faszination am nie enden wollenden Balancieren zwischen Selbstbehauptung und Anpassung habe ich zu meinem Beruf gemacht – sie packt mich noch heute in meiner Arbeit.

Eine Quelle meiner Begeisterung für *Beratung mit Herz und Verstand* im Kontext von Arbeit sehe ich auch in meinem Aufwachsen in der DDR. Das dürfte wohl manchem mehr und mancher weniger einleuchten – je nachdem, ob er oder sie der west- oder der ostdeutschen »Erinnerungsgemeinschaft« (Behrens, zitiert von Meyen, 2013, S. 20) angehört. Heute scheint Konsens zu herrschen, dass die DDR eine Diktatur war und DDR-Bürger »diktatursozialisiert« sind. Mit dieser Umschreibung fällt allerdings einiges unter den Tisch, was für meine persönliche Entwicklung sehr wichtig war, etwas, das Meyen (2013) unter dem Begriff des »kommunikativen Gedächtnisses« fasst. Ich erinnere mich hier vor allem an das Konzept von der polytechnischen Bildung, die alle erreichen sollte, unabhängig vom Geldbeutel der Eltern. Das griechische Wort »polýtechnos« bedeutet »sich auf viele Künste verstehend«. Die Bildungsthemen der Polytechnischen Oberschule, die alle Schülerinnen in einem Klassenverband bis zum zehnten Schuljahr besuchten, waren immer eng mit konkretem praktischem Tun verknüpft. Neben der Vermittlung von Theorie wurde gesungen, gemalt, Gartenarbeit verrichtet, genäht, gewerkelt und in Laboren experimentiert. Die sozialistische Persönlichkeit, die hier ausgebildet werden sollte, hatte einen engen Bezug zur praktischen Arbeit in den Industriebetrieben und der Landwirtschaft. Auf dem Lehrplan standen daher Fächer wie *Produktive Arbeit* und *Einführung in die Sozialistische Produktion,* was uns als Schüler direkt in die Betriebshallen führte. Ich selbst arbeitete ganz gern im Blaumann im Motorenwerk, stand an Fräs- und Bohrmaschinen und kontrollierte Nockenwellen. Bevor Studierende überhaupt das erste Mal einen Hörsaal betraten, halfen sie alle, unabhängig von der Fachrichtung, bereits mehrere Wochen gemeinsam im Ernteeinsatz auf dem Kartoffelacker oder bei der Apfelernte. In der DDR wurde so dafür gesorgt, dass Schülerinnen und Studenten in der Kopfarbeit nicht die Bodenhaftung verloren, sondern sich ab und zu die Hände schmutzig machten. Früh habe ich so die Freuden und Plagen des Arbeitsalltags hautnah gespürt.

Der Soziologe Wolfgang Engler (2002) prägte für die DDR den Begriff der »arbeiterlichen Gesellschaft«. In ihr war es verpönt, sein Leben aus ererbten Vermögen, Aktien, Grund- und Kapitalbesitz zu fristen.

> »Sie [die Ostdeutschen] kommen aus einer Gesellschaft, in der man sein Leben legitimer Weise nur durch Arbeit begründen konnte, in der die Arbeit selbst in ein ganzes Geflecht gemeinschaftlicher, geselliger und kultureller

> Bezüge eingebettet und daher weit mehr war als nur eine gegenständliche Verrichtung oder ein pragmatischer ›Job‹.
>
> Mochten die konkreten Bedingungen und Umstände, unter denen die Arbeit geleistet wurde, noch so nervtötend und kräfteraubend sein, sozial und moralisch ragten sie tief in die Persönlichkeit der einzelnen hinein, formten ihr Selbstbild und ihr Selbstbewusstsein« (Engler, 2002, S. 154).

Da ist es doch kein Wunder, dass mir Coaching als Beratung im Kontext von Arbeit besonders am Herzen liegt?

Ganz deutlich erinnere ich noch heute, wie das Herz von der sozialistischen Idee eingefangen werden sollte. Die sozialistische Persönlichkeit sollte vor allem linientreu fühlen, denken und handeln. Die Kunst der freien Debatte war uns damit, zumindest im öffentlichen Raum, fremd. Ich weiß, wie es sich anfühlt, wenn der Kopf und das Herz mit nur einer Idee, »dem richtigen Denken«, vernebelt werden und sich dadurch Handlungsspielräume verengen. Ich schätze daher besonders die Freiheit, die wir uns in unserem Ansatz der schulenübergreifenden Arbeit als Coach nehmen, um damit aus dem reichen Repertoire vieler Denkschulen schöpfen zu können.

Das Rollenkonzept als Grundmodell

Zur Dialektik von Privatem und Beruflichem

Im Coaching geht es immer wieder um die spannende Frage, wie wir als Coach die Problematik, die uns unser Coachee präsentiert, verstehen. Es gilt zu ergründen, was von dem Beschriebenen eher Teil der Dynamik der Organisation unseres Coachees ist und was eher die persönliche Psychodynamik – und wie sich beides bedingt.

Schon in der ersten Sitzung fragen wir den Coachee nicht nur nach seinem oder ihrem Anliegen, dem Impuls, Coaching in Anspruch zu nehmen, sondern auch nach seiner aktuellen sozialen Situation. Dabei ist ihm freigestellt, wie viel er berichten möchte. Die Frage löst selten Irritationen aus. Wir vermitteln, dass es uns wichtig ist, nicht nur die berufliche Situation zu verstehen, sondern auch etwas von der Person, da beides nicht zu trennen ist. Dies wird meistens dankbar aufgenommen.

Hier können wir noch einmal zurückkommen auf Burkhard Sievers (1985), der in seinem Rollenkonzept eine hilfreiche Denkfolie für das Coaching anbietet, wie die komplizierte Verwobenheit zwischen Individualdynamik und Organisationsdynamik bearbeitet werden kann.

Zentral für Sievers ist das Konzept der Rolle, er sieht sie als Bindeglied beziehungsweise Schnittmenge zwischen Individuum und Organisation.

> »In die Rolle gehen persönliche Anteile ein – und zwar auch sehr viel unbewusste Anteile – und gleichzeitig natürlich auch die organisatorischen Anforderungen. Rolle ist immer bezogen auf eine bestimmte Arbeit, auf eine bestimmte soziale Situation und deren Grenzen. [...] Rolle ist sozusagen der kleinste Baustein von Organisationen und auch ein Brennpunkt, in dem sich zwei Strahlen treffen: die Organisation und das Individuum« (Sievers, 1985, S. 41).

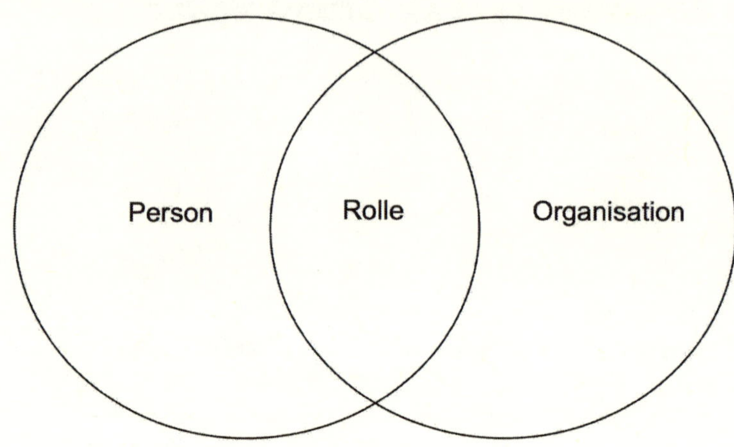

Abb. 1: Rollenkonzept nach Sievers

Bevor wir die Diskussion um den Rollenbegriff fortführen, wollen wir dies anhand des Coachings von Frau Hahne illustrieren.

Fallbeispiel: Coachee sucht den Konflikt mit der Leitung

Frau Hahne ist von Beruf Sozialpädagogin, Mitte 30, alleinstehend, sie arbeitet bei einem kirchlichen Träger der Jugendhilfe. Als sie bei uns im Institut anrief, wünschte sie sich einen Mann als Berater. Sie sprach von Problemen bei der Arbeit und äußerte, dass es ihr wichtig sei, innerhalb der Hierarchie aufzusteigen.

Ich (HP) erfuhr im Erstgespräch, dass eine aktuelle Konfliktsituation der Beratungsanlass war. Sie hätte schon vor einigen Wochen eine wichtige Statistik abgeben müssen, diese bisher aber nicht erstellt. Nun rechnete sie damit, dass die Bombe platze, vielleicht würde aber auch nichts passieren, denn sie war sich nicht sicher, ob ihre Arbeit überhaupt von Wichtigkeit sei. Den Konflikt sah sie als Prüfstein für ihre Wichtigkeit in der Organisation an. Sie wirkte sehr angespannt und etwas verloren. Ich hatte das Gefühl, dass sie eine bestimmte Erwartung an mich hatte, nämlich dass ich ihr Verhalten negativ konnotieren sollte. Auch wenn mich die Geschichte irritierte, machte mich ihr Verhalten neugierig. Ich hatte zudem den Eindruck, dass ich zu ihr eine Arbeitsbeziehung aufbauen könne. Einen solchen Einstieg in ein Coaching hatte ich noch nie erlebt, ich verstand nicht recht, was ihr tieferes Anliegen war und was sie von mir erwartete.

In einem vielbeachteten Artikel hat Wellendorf (2000, S. 163) schon früh für ein Verständnis für die besondere Situation zwischen Beraterin und Organisation geworben.

> »Vom ersten Kontakt mit der Institution an befindet sich der Berater in einer paradoxen Situation. Ihm werden Probleme vorgetragen, unter denen die Mitarbeiter leiden; Beziehungen vorgeführt, die das Leben in der Institution strukturieren und bestimmen; Orte des Konfliktes benannt, damit er seine Aufmerksamkeit ihnen zuwende; Diskrepanzen zwischen deklarierten Zielen und den Weisen ihrer Verwirklichung vor Augen geführt – all das mit der expliziten oder impliziten Aufforderung, hilfreich zu intervenieren.«

Bereits in dieser ersten Kontaktphase zeichnen sich Hinweise auf Verborgenes und Unbewusstes ab, die in der Regel erst in einem längeren Prozess verstehbar werden.

Da wir auf ihren Wunsch hin gleich zu Beginn zehn Sitzungen vereinbart hatten, war kein Grund zur Eile geboten. Ich konnte entspannt meine Forscherhaltung einnehmen und abwarten, was sich entwickeln würde.

In den ersten Sitzungen arbeiteten wir ihre Stellung und ihre Aufgaben heraus. Dabei stellte sich heraus, dass es in der Organisation keine Instanz und keinen Funktionsträger gab, die für sie zuständig waren. Sie war vor zwei Jahren vom selben Träger aus einer anderen Stadt nach Berlin gewechselt, da man ihr hier eine attraktive Stellung versprach. Und nun befand sie sich in einer diffusen Position ohne klare Arbeitsaufgabe – mit Ausnahme der Erstellung einer Statistik, die aber auch niemanden zu interessieren schien. Der Leiter, der eigentlich für sie zuständig sein sollte, war für sie nicht erreichbar und schickte seine Sekretärin vor.

So wie sie in die organisationale Struktur nicht richtig eingebunden war, so gestaltete sie anfänglich auch unser Beratungssetting. Zu Beginn wollte sie höchstens einmal im Monat kommen, schnell einigten wir uns auf einen zweiwöchentlichen Rhythmus. Als sie jetzt vor der Diffusität an ihrem Arbeitsplatz nicht mehr die Augen verschließen konnte, wünschte sie wöchentliche Sitzungen, um ihre äußerst unbefriedigende Situation in den Griff zu bekommen. Begleitet war dieser Schritt von großer Angst, da sie befürchtete, sich jetzt stärker auseinandersetzen zu müssen und damit auch in ihrer Einrichtung für eine gewisse Klarheit zu sorgen. Die Statistik hatte sie inzwischen doch erstellt und abgegeben – ohne dass darauf reagiert wurde.

Im Zuge einer Umstrukturierung musste sie in die ehemalige Pförtnerloge umziehen. Sie war über diese Entscheidung entrüstet, unternahm aber auch nichts dagegen. Sie meinte, dass der neue, von allen einsehbare Raum auch seine Annehmlichkeiten habe. Hier werde sie wenigstens gesehen, besonders der Leiter könne sie hier arbeiten sehen und das würde vielleicht seinen Gefallen und seine Anerkennung finden. Bei der Erzählung spürte sie die kolossale Angst, die es ihr bereitete, »überhaupt an der Oberfläche zu bleiben und sichtbar zu sein«. Ihr fielen dazu viele Parallelen aus ihrer Kindheit ein. In der Familie war sie die jüngste von drei Töchtern, war viel alleine und das »Nesthäkchen« der Eltern.

In einer nächsten Sitzung beginnt sie mit dem Wunsch, das Coaching abzubrechen und auch die Stellung zu kündigen. Sie möchte alles verändern, weiß nur noch nicht so recht, wie und in welcher Richtung. Über mich ist sie enttäuscht, da ich nicht genügend anerkennen würde, wie sie sich abstrample. Mit mir geht es ihr wie mit ihrem Leiter, ohne ausreichende Anerkennung.

Ich spüre keine Rechtfertigungsimpulse, kann sie so sein lassen. Meine Gedanken gehen eher in Richtung Angstabwehr, ob der Missbrauch, der sich im Mantel des Nesthäkchens versteckt, nun schmerzhaft an die Oberfläche dringt.

Sie bleibt und berichtet von dem verzweifelten Kampf um Anerkennung in ihrem Lehrer-Elternhaus. Ihre älteren Schwestern waren die »Tollen« und sind auch die Erfolgreichen im Leben geworden, eine Schwester promovierte, die andere gründete eine Familie und hat zwei Kinder. Sie selbst hat nichts. In der Schule war sie noch gut, im Studium dann nur noch eine von vielen, und der Versuch einer wissenschaftlichen Laufbahn schlug schnell fehl. Sie fühlte sich in all ihren Aktivitäten überfordert und hatte ständig das Gefühl, nichts wert zu sein.

Neben weiteren biografischen Erinnerungen, die auch eine organisationale Entsprechung hatten, erzählte sie noch von der Bedeutung ihrer christlichen Erziehung, die bis heute nachwirkt. Sie arbeitet bei einem christlichen Träger und hatte ihre erste sexuelle Beziehung heimlich mit einem Pfarrer, der auch ihr Kollege war.

Es war, als sei ein Knoten geplatzt. So sah sie eine Parallele zu ihrem Leiter, der offensichtlich eine »heimliche« Beziehung zu seiner Sekretärin hatte. Doch es ging noch weiter. Eine Untersuchung beim Gynäkologen hatte gerade ergeben, dass ihre Gebärmutter um wenige Zentimeter geschrumpft ist, sodass sie sich als »Männin« fühlte, wie sie es nannte. Als Frau ist sie neidisch auf ihre Kolleginnen, die alle in festen Beziehungen leben. Das Schrumpfen ihrer Gebärmutter versteht sie als Zeichen eines Weiblichkeitsverbots. Dazu gibt es auch organisational eine Entsprechung, denn der Träger ist durch und durch patriarchalisch strukturiert, Frauen haben hier nur wenig oder keinen Einfluss – oder heimlich, wie die Sekretärin.

Dennoch wirkte sie plötzlich viel fraulicher, im Vergleich zum Beginn unseres Coachings geradezu attraktiv. Sie strahlte mich an. Da sie zuvor ohne Scheu von ihrer Gebärmutter sprach, wusste ich das Strahlen nicht zu deuten, fragte aber auch nicht nach. Ich spürte nur, dass sich in mir Distanzierungswünsche meldeten. Meine Intervisionsgruppe half mir, hier wieder einen offenen Zugang zu finden. Eine milde positive Übertragung kann durchaus das Arbeitsbündnis stärken.

Nachdem diese biografische Blase geplatzt war und verstanden werden konnte, öffneten sich wie aus dem Nichts neue Arbeitsmöglichkeiten in der Organisation. Ihr wurde eine Art Fortbildungsressort zum Aufbau und zur Koordination angeboten.

Die Fallgeschichte illustriert unseres Erachtens eindrucksvoll die dynamische Verquickung von Individual- und Organisationsgeschichte und Organisationskultur, wenn auch in diesem Fall auf den ersten Blick unter stärkerer Beteiligung der persönlichen Anteile. Doch, wie Ilse Hantschk (1994) schreibt, ist die Organisation in ihrer unbewussten Dynamik ein Treiber für die sich entfaltende Personendynamik, eins ist nicht ohne das andere vorstellbar. Die Rollenträgerinnen sind geprägt durch ihre Lebensgeschichte, wie wir gesehen haben, und beeinflusst von der aktuellen beruflichen und privaten Situation. Auf die Rollenausfüllung wirkt auf der anderen Seite die Organisationskultur mit ihren Werten, Normen und Handlungsmustern und nicht zuletzt mit ihrer Geschichte, ihren Widersprüchen und verborgenen Geheimnissen, Mythen und Projektionen. Überspitzt könnte man sagen, dass sich zwei Unbekannte begegnen. »Rollen können also auch als Schnittmenge zwischen der Psychodynamik des Rollenträgers und der wirksamen Organisationsdynamik verstanden werden. Rollenberatung versucht daher, den Einfluss der Organisationsdynamik auf die Psychodynamik des Rollenträgers zu reflektieren« (ebd., S. 164).

Im Falle von Frau Hahne geschah das mit der unerledigten Statistik und dem gefürchteten Konflikt. Er verschaffte ihr schließlich Klarheit über ihre Wichtigkeit und ihre Bedeutung für die Organisation. Den Coach verwunderte diese einmalige Aktion, sie mobilisierte dennoch keine Handlungsimpulse. Wenn es so etwas wie das Unbewusste in Organisationen gibt (Wellendorf, 1996), dann geben folgende Begebenheiten vorsichtige Hinweise:

Zentral ist hier – wie in vielen Organisationen – der Wunsch nach Anerkennung und Bedeutung, der mit der für christliche Organisationen zentralen »Nächstenliebe« korrespondiert. Diese »Liebe« offenbarte sich als Schattenseite durch Grenzüberschreitungen, bei Frau Hahne in ihrer ersten sexuellen und heimlichen Beziehung zu einem Pfarrer und aufseiten der Organisation in der heimlichen Liebe des Vorgesetzten zu seiner Sekretärin und seiner Weigerung, offene Auseinandersetzungen zu führen und in Kontakt mit seiner Mitarbeiterin zu treten.

Hier hilft nun das Modell von Sievers beim Verstehen. Wir denken, es zeigt, wie die Personen- und Organisationsdynamik sich wechselseitig bedingen. In diesem Falle stand eindeutig die Coachee mit ihrer Lebensgeschichte im Fokus der Beratung, was zum Teil der ausschnittweisen Wiedergabe des Gesamtprozesses geschuldet ist. Für die Beratung bietet es eine gute Orientierung für Möglichkeiten, beide Seiten im Auge zu behalten, auch um Komplexität zu reduzieren.

Nun können wir die Übernahme und Ausfüllung von Rollen durch die Mitarbeitenden aus psychodynamischer Sicht mit Paul Parin (1978) auch als Anpassungsmechanismus sehen. Können sich die Mitarbeitenden mit den Werten, Normen und Ideologien identifizieren, sprechen wir von Rollenverhalten. Das sichert Befriedigung durch die Organisation. Verlassenheits- und Trennungsängste, Angst vor Kritik und Angst vor sozialem Ausschluss werden beruhigt, weil man nun zu einer Organisation gehört. Nach innen wirkt die Identifikation mit der Rolle wie ein Abwehrmechanismus, da Bedürfnisse und Gefühle, die im Berufsalltag keinen Platz haben, dann nicht mehr wahrgenommen werden können. Sie müssen verleugnet oder wegrationalisiert werden, um die Arbeitsfähigkeit zu stabilisieren. Diese soziale Anpassung entlastet das Ich. Der Preis dafür kann sein, dass die Rollenträgerin alles abwehren muss, was ihre Identifikation mit der Organisation erschüttert. Dadurch aber wird ihre Wahrnehmung eingeschränkt. Leichter ist es, wenn sie mit ihren persönlichen Einstellungen und den Werten der Organisation übereinstimmt. Das beobachten wir insbesondere bei Startup-Projekten, deren Akteure mit hohem idealistischem Einsatz Berge versetzen können, ohne den großen Energie- und Zeitaufwand als Belastung zu erleben.

In Fällen, in denen die Identifikationsanforderungen, die die Organisation erhebt, nicht so reibungslos erfüllt werden wie bei Frau Hahne, kommt es unweigerlich zu Verdrängung und Widerstand. Das bedeutet, Konflikt und die Angst auszuhalten, aus der Organisation herausgeworfen zu werden – oder einen Kompromiss zu finden zwischen Anpassung und Widerstand.

Das Quadrantenmodell

Dieser Denkansatz ergänzt das oben dargestellte Rollenmodell von Sievers um eine weitere Betrachtungsdimension. Man kann das Problem noch etwas komplexer, noch einmal anders modellieren und noch eine weitere Dimension einbeziehen. So spricht Wilber (2001) von »Integraler Psychologie«, in deren Verständnis kein Modell wertvoller als ein anderes ist. Das trifft in besonderer Weise auch auf therapeutische und beraterische Methoden zu. Bekannt sind die (stillen oder offenen) Grabenkämpfe zwischen rivalisierenden Methoden: Ist meine Methode die überlegene, ist die andere Methode in dieser Sichtweise die unterlegene. Aus diesem Grunde bevorzugen wir ein eklektisches Vorgehen, um gar nicht erst in dem Hierarchiespiel »wer ist der Bessere« mitzumachen.

In der Beratungsszene ist der nichthierarchische Ansatz von Wilber durch Graves und sein Modell der »Spiral Dynamics« bekannt geworden (vgl. Beck & Cowan, 2007). Ohne das hier weiter auszuführen, kann man feststellen, dass sich dieser Begriff in vielen Bereichen durchgesetzt hat, weil er eine Orientierung verspricht, in welchem Entwicklungsstadium (Evolution) sich eine Organisation befindet.

Die vier Quadranten bei Wilber teilen sich in eine linke und eine rechte Hälfte auf, die linke steht für das »Ich« und die rechte für das »ES« (Ökonomie, Wirtschaft, Abläufe, Prozesse ect.). Wilber legt Wert darauf, dass alle Quadranten in jeder Situation von Bedeutung sind, dass keines der Teile besser oder schlechter, wichtiger oder unwichtiger ist.

Diese vier Quadranten bilden eine Einheit, keiner ist ohne den anderen denkbar. Und darin sehen wir den Gewinn dieses Modells; es hilft zu erkennen, welcher Quadrant einseitig besetzt ist. Es geht immer darum, keinen Aspekt aus dem Auge zu verlieren; erst, wenn aus allen vier Perspektiven auf ein Anliegen geschaut wird, können wir einigermaßen sicher sein, dass wir die Komplexität eingefangen haben. Das ist das Charmante an

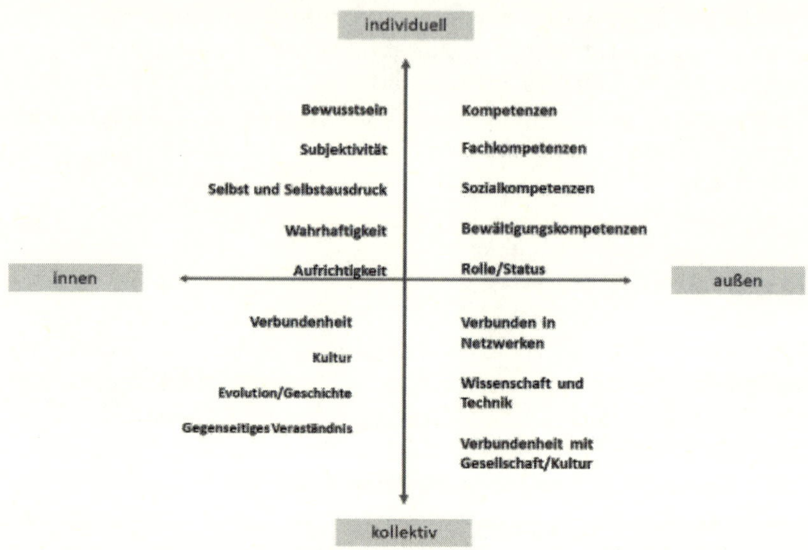

Abb. 2: Das Quadrantenmodell von Wilbers

diesem Modell, es reduziert Komplexität durch Komplexitätserweiterung und vor allem durch Perspektivenverschränkung.

Auf Beratungssituationen bezogen erleben wir häufig, dass Ratsuchende ausführlich von sich und ihrem Leiden und ihren Empfindungen berichten (oberer linker Quadrant). Dann kann es hilfreich sein, durch einen Perspektivwechsel zu erfragen, wie die Freundinnen, Partner oder Kolleginnen den Ratsuchenden sehen (unterer linker Quadrant). Dabei eröffnet sich unter Umständen eine weitere Wahrnehmungsdimension, die neues Material zum Nachdenken liefert.

Schauen wir uns den »Fall Hahne« mit Wilbers Augen noch einmal an, dann zeigt sich in erstaunlicher Weise, dass alle Quadratenaspekte in die Beratung als bedeutsam eingeflossen sind. Erstaunlicherweise insofern, als dass auf den ersten Blick die Person der Coachee prägnant im Fokus stand und der Eindruck hätte entstehen können, dass die Beratung zu personenbezogen sei, vielleicht sogar mit einem therapeutischen Unterschwung.

Kontakt als Schlüssel zur Begegnung

»Jedem Anfang wohnt ein Zauber inne«, so hat es Hermann Hesse formuliert. Der Zauber eines Neuanfangs zeigt sich in mehr oder weniger großer Unsicherheit und Ungewissheit über die erste Begegnung mit dem Coach. Obermeyer und Pühl (2015, S. 53) formulieren es so:

> »Auch, wenn es dramatisch klingt: Jeder Beginn ist ein Identitätstest. Aufseiten der Kunden: Werde ich so gesehen, wie ich wahrgenommen werden möchte? Und auf Seiten des Beraters: Werde ich in meiner Kompetenz gesehen bzw. finde ich überhaupt die Möglichkeit, meine Kompetenz zu zeigen?«

Die Frage könnte auch heißen: Finde ich einen hinreichend guten Kontakt? Auch, wenn der Spannungsbogen von Sitzung zu Sitzung meistens kleiner wird, stellt sich diese Frage vor jedem Coaching erneut. Eine produktive Restspannung halten wir für wertvoll, weil sie unsere Aufmerksamkeit schärft. Denn keine Sitzung gleicht der anderen, Vergleiche hinken immer und können trügerische Gewissheit verbreiten. Oder mit den Worten des griechischen Philosophen Heraklit gesagt: »Man steigt nicht zweimal in denselben Fluss.«

Resonanzbeziehung

Die Beziehung zwischen Coach und Coachee lebt also vom Kontakt. Das klingt auf den ersten Blick banal, auf den zweiten – wenn wir der Frage nachgehen, was ein guter Kontakt ist und wie er sich herstellen lässt – zeigt sich eine große Vielgestaltigkeit. Gut im Kontakt fühlen wir uns, wenn wir uns sowohl frei als auch verbunden fühlen. Das vorausgesetzt, geht es aus unserer Sicht bei der Kontaktherstellung weniger um die Anwendung von Methoden, sondern um die innere Haltung. Einen guten Kontakt können wir spüren. Hartmut Rosa (2019) meint mit seinem Konzept der Resonanz etwas Ähnliches: Zunächst kommt etwas auf uns zu, wirkt etwas auf uns ein. Rosa (ebd., S. 39) nennt eine solche Beziehung, die uns erreicht, berührt oder bewegt, eine »Anrufung«. »Plötzlich ruft uns etwas an, bewegt uns von außen und gewinnt dabei Bedeutung für uns um seiner selbst willen« (ebd.). Rosa sagt, wir werden affiziert. Das ist die eine Richtung der Resonanzbeziehung. Bin ich berührt, dann antworte ich, gehe auf die Welt zu, auf das, was mich anspricht. Diese zweite Bewegung nennt Rosa Emotion, abgeleitet vom lateinischen Begriff *emovere*, was »sich in Bewegung setzen« bedeutet. In diesem Sinn ist Resonanz kein Echo, sondern eine Antwort. »Resonanzerfahrungen *verwandeln* uns, und eben darin liegt die Erfahrung von Lebendigkeit« (ebd., S. 41). Der einfachste Fall einer Resonanzbeziehung liegt im Austausch eines Blicks. Augen sind Resonanzfenster; jemanden in die Augen zu blicken und seinen erwidernden Blick zu spüren bedeutet, mit ihm in Resonanz zu treten (ebd., S. 49). Damit stellt sich die Frage, wie Coachee und Coach ihre Sitzpositionen gestalten sollten. Wir haben unterschiedliche Vorlieben: Einer von uns (HP) sitzt den Coachees bevorzugt direkt gegenüber, um über die Augen einen sinnlichen Kontakt zu ermöglichen, während die andere (KTB) eine schräge Haltung bevorzugt, um Nähe und Distanz des Augenblicks variieren zu können. Die Augen sind der einzige Körperteil, den wir nicht bewusst manipulieren können. Den Mund können wir auch in bitteren Situationen zu einem Lächeln formen, aber die Augen sind das »Fenster zur Seele«.

Fallbeispiel: Der Coach ist irritiert

Wie immer beginnen wir die Sitzung mit der Frage nach dem aktuellen Wohlbefinden und dem mitgebrachten Anliegen. Frau Arndt antwortet auf die Frage, wie es ihr geht, mit »sehr gut«. Ich (HP) bin irritiert, da ihr Blick heute nicht wie bisher mir zugewandt ist, sondern fast etwas schamhaft nach unten gerichtet ist. Dann erzählt sie weiter von den Ereignissen der letzten Zeit, ohne dass ich dazu einen inneren Kontakt herstellen kann. Nach einiger Zeit frage ich sie vorsichtig, ob es ihr wirklich gut gehe, da ich das nicht fühlen könne. Dann bricht es aus ihr heraus und sie schildert die »Katast-

rophen«, die ihr beruflich und privat in den letzten Tagen widerfahren sind. Ihre Augen wirken jetzt traurig, aber mir zugewandt.

Resonanzbeziehungen zwischen einem Subjekt und der begegnenden Welt führen zu einer Veränderung, die weder geplant noch akkumuliert werden kann. Rosa (2019, S. 43f.) nennt es die *Unverfügbarkeit*, »das besagt zunächst, dass es keine Methode und keinen Sieben- oder Neun-Schritte-Ratgeber gibt, mit deren Hilfe sich gewährleisten ließe, dass wir mit Menschen oder Dingen in Resonanz treten können.« »Wenn sie eintritt, verwandeln wir uns« (ebd., S. 44). Resonanz ist ein Beziehungsbegehren, das letztlich nicht käuflich ist. Auf der anderen Seite ist Coaching eine käufliche Dienstleistung.

Resonanz lebt auch von der Art und Weise des Zuhörens. Wir können hier sehr gut an Otto Scharmer (2022) und seine vier Stufen des Zuhörens anschließen, mit denen verschiedene Ebenen der Kontaktintensität zwischen Coach und Coachee erfasst sind:

- In der ersten Stufe höre ich das, was ich schon weiß. Ich bestätige meine Projektionen und sitze sozusagen in meinem Gefängnis der Vorannahmen und Erwartungen.
- In der zweiten Stufe wertschätze ich die Differenz, ich verlasse das Gehäuse meiner Vertrautheit. Ich schaue sozusagen aus dem Fenster heraus und sehe Dinge, die ich nicht erwartet habe oder die meiner Meinung widersprechen. Ich öffne meinen Horizont, meinen Geist/Verstand.
- Das empathische Zuhören ist die dritte Stufe. Hier nutze ich meine Gefühle, um in das Erleben des anderen hineinzuspüren. Ich versuche, mit den Augen des anderen zu sehen und damit eine andere Perspektive wahrzunehmen. Ich öffne mein Herz für mein Gegenüber und bleibe gleichzeitig in mir selbst verankert.
- In der vierten Stufe, dem schöpferischen Zuhören, »sind wir nicht mehr nur empathisch gegenüber dem, der uns jetzt gegenübersitzt. Wir befinden uns in einem gesteigerten Zustand der Aufmerksamkeit« (Scharmer, 2022). Wenn das in einer Coachingsitzung gelingt, fühlen die Coachees, dass sie nicht mehr dieselben sind, dass sie ein Stückchen näher an dem sind, was sie wirklich wollen und was sie wirklich sind. Sie sind präsenter als vorher.

Uns gefällt die Beschreibung der guten Zuhörerin Momo aus dem gleichnamigen Roman von Michael Ende:

> »Wirklich zuhören können nur ganz wenige Menschen. Und so wie Momo sich aufs Zuhören verstand, war es ganz und gar einmalig. Momo konnte so zuhören, dass dummen Leuten plötzlich sehr gescheite Gedanken kamen. Nicht etwa, weil sie etwas sagte oder fragte, was den anderen auf solche Gedanken brachte, nein, sie saß nur da und hörte einfach zu, mit aller Aufmerksamkeit und aller Anteilnahme. Dabei schaute sie den anderen mit ihren großen, dunklen Augen an, und der Betreffende fühlte, wie in ihm auf einmal Gedanken auftauchten, von denen er nie geahnt hatte, dass sie in ihm steckten.
>
> Sie konnte so gut zuhören, dass ratlose oder unentschlossene Leute auf einmal ganz genau wussten, was sie wollten. Oder dass Schüchterne sich plötzlich frei und mutig fühlten. Oder dass Bedrückte zuversichtlich und froh wurden. Und wenn jemand meinte, sein Leben sei ganz verfehlt und bedeutungslos und er selbst nur einer unter Millionen, einer, auf den es überhaupt nicht ankommt und der ebenso schnell ersetzt werden kann wie ein kaputter Topf – und er ging hin und erzählte alles das der kleinen Momo, dann wurde ihm, noch während er redete, auf geheimnisvolle Weise klar, dass er sich gründlich irrte, dass es ihn, genauso wie er war, unter allen Menschen nur ein einziges Mal gab, und dass er deshalb auf seine besondere Weise für die Welt wichtig war. So konnte Momo zuhören« (Ende, 1973).

Hier kommt zum Ausdruck, dass das bloße Erscheinen einer Zuhörerin bereits Veränderung beim Gegenüber ermöglichen kann. Das geschieht, weil der Sprechende, die Zuhörerin und die Erzählung sich in einem triangulären Verhältnis befinden. In der neuen »Aufführung« verwandelt sich die Geschichte. Neue Perspektiven können eröffnet werden.

Auf Coaching angewendet bedeutet das, es bedarf eines oder einer Dritten, eines Neutralen, um solche Prozesse in Gang zu setzen, zum Beispiel des Coachs, der sich stets der Unsicherheit des Nichtwissens aussetzen muss, um seine Wahrnehmung nicht durch Theorien zu vernebeln. Franz Wellendorf (2000) plädiert für einen »respektlosen« Umgang gegenüber Theorien. Ein Akt großer Identitätsverunsicherung, der »zum Motor einer Suchbewegung nach dem Unbekannten und Unverstandenen« werden kann. Bei Scudder findet sich die vom Künstler Keats erstmalig beschriebene offene Haltung, die »negative capability«, nämlich die »Fähigkeit eines Menschen sich in Unsicherheit, rätselhaften Geheimnissen und Zweifeln zu befinden, ohne irritiert nach Fakten und Erklärungen zu suchen« (Scudder, 1899, S. 277).

Aktives Zuhören

Gerade im Erstkontakt empfehlen wir die Haltung des »aktiven Zuhörens«, weil in dieser sensiblen Phase die Kontaktaufnahme im Vordergrund steht. Sie ist verbunden mit der Frage der Coachees: »Versteht mich die Coach?« So gesehen zu werden, wie man sich selbst fühlt, ist ein existenzielles Grundbedürfnis des Menschen. Bewährt hat sich – nicht nur in dieser Phase – die Haltung des »aktiven Zuhörens«. Die Methode geht auf Carl Rogers (1972) nondirektive Gesprächsführung zurück. Er gilt als Begründer der Humanistischen Psychologie.

Aktives Zuhören bedeutet, dass wir das Gesagte mit unseren Worten sinngemäß wiederholen (paraphrasieren). Die Coachees haben dann die Chance, zu korrigieren oder zu ergänzen. Wir halten uns mit Deutungen, Hypothesen etc. zurück, um dicht am Gesagten zu bleiben. So eröffnet sich die Chance, dass die Coachees sich verstanden fühlen und ein erster dünner Kontaktfaden sich entspinnen kann. Aktives Zuhören heißt auch, sequenziell zu unterbrechen, um wirklich zu verstehen. Berufsanfängern fällt das oft schwer, da es ein ungeschriebenes Gesetz zu geben scheint, beim Reden den anderen nicht zu unterbrechen. Das kann zur Folge haben, dass die aufgeregte Coachee ohne Punkt und Komma spricht und der Coach – statt zuzuhören – auf eine Pause wartet, um das Gesagte zu reformulieren.

Neben dieser manifesten Ebene entwickelt sich auf einer zweiten mitlaufenden Ebene eine Themenfokussierung für die Coach. Durch das Hören der eigenen Worte dringt sie meist immer stärker zum Kern des Anliegens vor. Das ist insofern ein spannender Prozess, weil zu Beginn das Anliegen erst im Ungefähren bewusst ist. Unser Bild für diesen Prozess ist das des Planeten Jupiter, dessen Kern von einem dichten Nebelring umschlossen ist. Kontextbezogene W-Fragen (Wo fand das statt, Wer war noch dabei, Wie lange ist das her? etc.) ergänzen die Geschichte.

Mut zur Präsenz und das Prinzip Antwort

Für den Prozess des schöpferischen Zuhörens braucht es Präsenz. Präsenz ist sowohl für die Coachees als auch für die Coaches von zentraler Bedeutung. Für Beratende heißt Präsenz, geerdet, zentriert und offen und empfänglich für das gesamte Erleben der Klientinnen zu sein. »In Augenblicken präsenzzentrierten Engagements sind BeraterInnen gleichzeitig in direktem Kontakt zu sich selbst, zum Klienten und zur gemeinsamen Beziehung«, wie Porges (2019, S. 193) es beschreibt. In diesem Sinne bedeutet Präsenz wachsame Sorge:

- Ich bin hier!
- Ich bleibe hier, auch wenn es schwierig wird!
- Ich kämpfe um dich und um meine Beziehung zu dir und nicht gegen dich.

> »Unser ganzer Körper ist ein Erkenntnisinstrument. Nicht nur unser kognitives Vermögen. Wir erkennen schon, wenn wir bloß sind. Wir ahnen, fühlen, spüren. Wir erschnuppern die Lage. Wir haben die Nase im Wind. Wir haben einen Sinn für das Gelingen« (Palzer, 2018 zit. nach Obermeyer, 2019).

Ähnlich hat das der Freudschüler Theodor Reik schon 1948 gesehen und es so trefflich das »Hören mit dem dritten Ohr« genannt. Er forderte von der Analytikerin, den Instinkten zu folgen, »die anzeigen, hinweisen, andeuten und anspielen, warnen und mitteilen, weil [sie] […] manchmal intelligenter als unsere bewusste ›Intelligenz‹ [sind]« (Reik, 1948, S. 166). Wir hören mit dem dritten Ohr auf unterschiedlichen Ebenen und erfassen neben den Worten vor allem Atmosphärisches. Der Begriff der Atmosphäre stammt aus dem Griechischen *atmos:* »Luft« oder »Dampf« und *sfära:* die »Kugel«. Die Atmosphäre ist also etwas Flüchtiges, das auch für uns im Coaching nicht immer leicht zu greifen ist. Sonntag zitiert dazu den Philosophen Gernot Böhme (1995), der »den Atmosphärenbegriff […] ins Zentrum seiner als ›allgemeine Wahrnehmungslehre‹ verstandenen Ästhetik [stellt]«. Für Böhme ist der sinnliche Dialog mit den Dingen ein menschliches Grundbedürfnis, wobei er den Dingen eine »ausdruckhafte Präsenz« (ebd., S 69) zuweist. »Für dieses aus sich Heraustreten, das auch als Artikulation, Präsenz oder Erscheinen bezeichnet wird, steht der Begriff der Ding-Ekstase. Die erfahrbaren Qualitäten der Dinge verdichten sich zum Atmosphäreneindruck« (ebd., S. 71).

Nach Böhme besitzen auch Menschen eine Fähigkeit zur Ekstase. Dafür scheint der Begriff der »Performanz« (Sonntag, 2015, S. 71), abgeleitet aus dem englischen *to perform: verrichten*, geeignet. Die Bedeutung des Satzes: »Ich werde mich dazu weiter belesen« wird erst durch die Performanz in der Begegnung verständlich, durch den Ton, der bedächtig, aber auch ungeduldig sein kann, durch die Mimik, die durch hochgezogene Augenbrauen Interesse bekundet oder durch vorgezogene Lippenbewegungen eher Abweisung anzeigt und durch die dabei vollbrachte Bewegung, eine abwinkende Handbewegung oder das Aufschlagen eines Buches. Es ist uns schon passiert, dass unsere Körpersprache bereits weiter war als das verbale Gespräch.

Es scheint also nicht unerheblich zu sein, in welcher Umgebung das Coaching stattfindet. Der Gestaltung unserer eigenen Räume messen wir deshalb große Bedeutung bei. Um an der Stelle die Latte nicht zu hochzulegen, zitieren wir den Lebensphilosophen Alain de Botton (2012, S. 114), der augenzwinkernd eine erste Begegnung mit einem Berater schildert, der sich und seine Partnerin auf dem Markt als international agierende Beraterfirma präsentiert:

> »Doch stellte sich heraus, dass das Unternehmen aus dem Hinterhaus eines unscheinbaren, recht beengten viktorianischen Gebäudes in einer heruntergekommenen Wohnstraße in Südlondon geführt wurde. Es umfasste ein kleines Büro nebst Beratungszimmer mit Drucken von Paul Klee an den Wänden und Blick auf eine Wäscheleine vor zugewuchertem Karpfenteich [...] Das Paar hegte eine bewundernswerte Vorliebe für allgemein eher weniger geschätzte Gemüsesorten aus dem englischen Repertoire, roch es doch zu den meisten Tageszeiten – selbst am frühen Morgen – intensiv nach Rüben oder frisch gekochtem Kohl.«

De Botton bescheinigt seinem Berater gleichzeitig eine ausgesprochen vertrauenswürdige Ausstrahlung und die Fähigkeit, tiefgehende Gespräche führen zu können.

In einem Coaching sagte eine Klientin überraschend zu mir (KTB): »Ich finde ihre Mimik aufschlussreich. Sie stimmen mir zu, richtig?« Der Leib nimmt Atmosphäre spürend auf und erzeugt sie gleichzeitig. Die Atmosphäre entsteht durch die von uns wahrgenommene Umgebungsqualität der Dinge und die Performanz der darin agierenden Menschen. Sie verdichtet sich zu einem »sinnlich-affektiv wirksamen Gemisch« (Sonntag, 2015, S. 72f.) und ist eine »leiblich spürende Präsenz jenseits rationaler Überformungen« (ebd.).

Aus der Psychoanalyse kennen wir die Haltung der »gleichschwebenden Aufmerksamkeit«. Gemeint ist damit, dass der Analytiker sich nicht vorschnell durch prägnante Phänomene die Sicht auf das Ganze versperrt, sondern alles ohne Wertung zu erfassen versucht. Sicherlich bedarf es auch hier einer präsenten Haltung, die jedoch im klassischen analytischen Setting (die Therapeutin sitzt hinter der Couch) resonanzreduziert ist, weil sich Therapeutin und Patient nicht direkt sehen.

Unter den oben beschriebenen Bedingungen Reflexionsräume zu schaffen, ist die Kunst der Beratung. Das Ziel reflexiver Beratung sehen wir darin, einen »Möglichkeitsraum«, wie Winnicott (2020 [1974]) es nennt, zu kreieren. Wir glauben, dieser Möglichkeitsraum ist das A und O jedweder reflexiven Beratung. Reflexion findet ja nicht im luftleeren Raum statt, es braucht dafür einen haltenden Rahmen, der Vertrauensoptionen ermöglicht, denn Vertrauen entsteht immer nur prozesshaft. Entsprechend spricht Buber (1999, S. 8) vom »Ermöglicher«, weil der Beratende weder Macher noch Wissender ist. Dazu bedarf es unserer Präsenz und Hingabe als Coaches. Je klarer unsere Hingabe ist, desto mehr Zugriff haben wir auf intuitives Material. Daraus lässt sich ein Reichtum schöpfen, der uns eine Vision geben kann, die wichtig ist, wenn wir in dieser Welt handeln wollen. Von Buber (ebd., S. 23) stammt der schöne Begriff »losgelöste Präsenz«. Gemeint ist damit, dass die Beratende in der Lage ist, an zwei Orten gleichzeitig zu sein – bei sich und bei ratsuchenden Klienten.

Eine bewährte Form dafür, auf intuitive Weise mit dem Gegenüber in einen resonanten Kontakt zu treten, hat schon vor Jahren Anneliese Heigl (1978) skizziert: Sie spricht vom »Prinzip Antwort«. In unserer Praxis handhaben wir das als Frage an uns: »Welche Gefühle löst eine aktuelle Situation bei mir als Coach aus, welcher Film läuft in mir?« Diesen Film können wir den Coachees als Bild zur Verfügung stellen, ohne zu denken, dass es deren jeweilige Situation exakt trifft. Es ist immer nur ein Angebot. Für uns hat sich diese Intervention als sehr hilfreich erwiesen, gerade in Situationen, die beraterisch schwierig für uns, die energielos oder unterschwellig aggressiv geladen waren. Das klingt freilich leichter, als es sich in der Praxis darstellt, denn potenziell sind solche eher konflikthaften Interventionen von einer latenten Schamangst begleitet. Sie berührt Coach wie Coachee in unterschiedlicher Intensität gleichermaßen. Die Beratende befürchtet, mit ihrer Intervention völlig »daneben« zu liegen und beim Kunden Dinge anzurühren, die bearbeitet schienen. Scham kann deshalb das Arbeitsbündnis zwischen Coach und Coachee bedrohen. Gleichzeitig ist sie nicht zu vermeiden, wenn das Potenzial von Beratung tatsächlich ausgeschöpft werden soll. Vielmehr erweist sich bei genauerer Betrachtung die Idee, ohne Momente der Beschämung(sangst) durch den Prozess segeln zu können, als eine Illusion. Vermutlich geht es eher darum, schamsensibel zu intervenieren. Um Beschämung zu vermeiden, kann es passieren, dass die Beratende alles so lange vorsichtig abwägt, bis der richtige Augenblick verpasst ist. Dann hat sie der Mut, Dinge anzusprechen, verlassen, die eigentlich bedeutsam sind, aus Furcht, es könnte falsch sein oder Kritik provozieren – dabei immer wissend, dass dies Ausdruck einer beiderseitigen Angst beziehungsweise Unsicherheit ist. Aber manchmal versagt das Wissen, und der subjektive Bewegungsspielraum, der für die Entfaltung lebendiger Interventionen unabdingbar ist, bleibt eingeschränkt.

Fallbeispiel: Die Coach stellt ihre inneren Bilder zur Verfügung

Die pädagogische Leiterin, Frau Echt, möchte in einer Sitzung ihr Vorgehen gegenüber einer neuen Mitarbeiterin klären. Mir (KTB) fällt auf, dass sich, als sie beginnt, von der neuen Kollegin zu sprechen, ihr zunächst erzählerischer Ton verändert. Sie spricht schärfer und auch lauter. Ihr Körper scheint sich anzuspannen. Das überträgt sich auch auf mich. Ich werde leicht verspannt. Sie erzählt, dass diese neue Kollegin einiges an Unselbstständigkeit und Zurückhaltung in der pädagogischen Arbeit zeigt, etwas, was sie in der Vergangenheit bei anderen neuen Kolleginnen als Einstiegsturbulenzen nicht nur tolerierte, sondern auch eher wohlwollend begleitete. Das irritiert mich. Das Bild einer ungeduldig strengen Mutter kommt in mir auf. Die Leiterin beendet den Bericht in einer genervt-entrüsteten Verfassung. Die Kollegin fantasiere ich inzwischen auf einer Altersstufe von ca. zehn Jahren.

Ich biete der Leiterin an, meine Resonanz auf ihre Erzählung zu teilen. Das hört sich ungefähr so an: »Frau Echt, ich würde Ihnen gern zur Verfügung stellen, wie es mir bei Ihrer Schilderung der Situation ergangen ist. Vielleicht können Sie etwas damit anfangen. Sind Sie interessiert?« Sie bejaht.

> *»Als wir das Coaching begannen, habe ich Sie entspannt erlebt. Umso stärker Sie in die Erzählung über die neue Kollegin eingetaucht sind, desto stärker habe ich eine Anspannung erlebt, bei mir selbst … hier im Nacken. Und ich hatte den Eindruck, dass sich auch bei Ihnen eine gewisse Anspannung in ihrer Körperhaltung zeigt. Während Sie von den Begegnungen mit Ihrer Kollegin erzählten, entstand bei mir ein Bild von einer Szene zwischen einer doch recht strengen Mutter ihrer Tochter gegenüber, so einem Schulkind in der Grundschule, die ihre Mutter schuldvoll ansieht. Das sind alles meine eigenen Bilder. Ich wollte Sie aber fragen, ob Sie etwas von dem anspricht.«*

Es stellt sich heraus, dass die neue Kollegin nicht jung, sondern eine Quereinsteigerin ist, die bereits über Lebens- und Berufserfahrung verfügt. Obwohl sie noch nie in einem pädagogischen Beruf gearbeitet hatte, hat die Leiterin allein deswegen besonders hohe Ansprüche an sie. Sie ist, so ihre Auffassung, alt genug, um auch ohne Unterstützung zurecht zu kommen. Es stellt sich heraus, dass dieses »du bist alt genug und musst jetzt auch schon allein klarkommen« ein biografisch prägender Satz meiner Coachee war, den sie seit ihrer Einschulung immer wieder gehört hatte. Sie wuchs mit einer berufstätigen alleinerziehenden Mutter auf und war ein sogenanntes »Schlüsselkind«. Schlüsselkinder mussten sich nach der Schule bis zum Heimkommen der Eltern nach der Arbeit selbst versorgen. Die Coachee sagte: »Meine Mutter saß mir ständig im Nacken, dass ich meine Aufgaben erledigen sollte, auch im Haushalt helfen, alles selbstständig. Das hat mich auch überfordert. Ich habe oft die Zähne zusammengebissen.«

Die Coachee schien also ihre eigenen biografischen Erfahrungen auf die Arbeitssituation zu übertragen. Hier war jetzt sie die strenge Mutter, die von der Mitarbeiterin verlangte, dass sie trotz fehlender Erfahrung bereits selbstbewusst die pädagogische Arbeit verrichten konnte – schließlich war sie alt genug. Diese Erkenntnis löste bei der Coachee Trauer darüber aus, dass sie es als Kind nicht nur leicht gehabt hatte. Es weichte aber auch gleichzeitig die Strenge gegenüber der neuen Kollegin auf.

Aus Erfahrungen und Berichten aus Intervisionsgruppen von Kolleginnen und Kollegen wissen wir, dass die Beratungen, die gescheitert sind, unter anderem deshalb gescheitert sind, weil Kollegen längerfristig aus ihrer *Präsenz* und damit aus dem Kontakt zu sich und zu den Kunden ausgestiegen sind und den Prozess haben laufen lassen. Bezogen auf die Beratungsarbeit kann sich das beispielsweise daran zeigen, dass ein einmal mit der Kundin eingeschlagener Weg nicht verlassen wird, obwohl sich die Indizien mehren, dass dies angezeigt wäre. Vielleicht, weil der »Mut zur Präsenz« (Pühl, 2016) fehlt, um etwas Unangenehmes anzusprechen. In diesen Fällen bewährt sich meistens das »Prinzip Antwort«. Dazu braucht es den Mut, die aktive Rolle des Gestaltenden wieder einzunehmen, um nicht zum Getriebenen zu werden. Wenn wir uns innerlich »abmelden« und die Dinge laufen lassen, fühlen wir uns innerlich beladen und in schlechter, gelähmter Stimmung. Im Kern sind wir in diesem Zustand der Nicht-Präsenz der Auffassung, dass wir nichts zu bieten haben und unser Angebot nichts wert ist.

Gerade Berufsanfängerinnen kennen dieses Gefühl, etwas machen zu müssen, um hilfreich zu sein, um eine Leistung abzuliefern. Aus diesem Gefühl, aktiv sein zu müssen, um keine unangenehme Leere entstehen zu lassen, baut sich Druck auf, aktiv zu sein. Eine Möglichkeit ist es dann, Methoden anzubieten oder vorab zurechtgelegte Fragen zu stellen. Das kann gutgehen und kommt manchmal auch den Coachees entgegen, weil es ein Stille-Loch füllt. Das Risiko ist, dass sich beide Seiten im Pseudokontaktmodus bewegen. Oft bedarf es nur eines kurzen Augenblicks des Hinspürens, um aus der inneren Abmeldung in einen Flow im Hier und Jetzt zu kommen.

Intuitiv navigieren

Im wachen Zustand der Präsenz haben wir als Coach die Chance, auf unsere Intuition zu vertrauen. Intuition ist nicht genau erklärbar, sie geschieht einfach, wenn wir uns gut mit uns und unseren Coachees in einem energetischen Austausch befinden. Das deutet darauf hin, dass es sich bei der Intuition um einen unbewussten Vorgang handelt, der stark genug ist, einen Handlungsimpuls auszulösen. Dieses innere Wissen ergibt sich aus der Schnittmenge von Wissen und Erfahrung. Je größer beides ist, umso zuverlässiger die Intuition. Und damit zeigen sich auch die Grenzen: Berufsanfänger müssen sich beides erst in einer längeren Praxisphase aneignen, während ihre Coachees als Führungskräfte in der Regel über Wissen und Erfahrung verfügen und bei Entscheidungen von dem oder der Beratenden nur entsprechend ermutigt werden können, auf ihr »Bauchgefühl« (Gigerenzer, 2008) zu hören. Denn das Bauchgefühl befreit sie aus dem Dilemma, bei Entscheidungen alle potenziellen Einflussfaktoren in ihrer Komplexität abzuwägen und zu bewerten. Hier hilft der Führungskraft ihr Wissen und ihre Erfahrung, um eine komplexitätsreduzierte Bauchentscheidung zu treffen. Um sie nach außen zu rechtfertigen, wird sie sekundär mit entsprechenden Fakten unterlegt und so legitimiert. Untersuchungen gehen davon aus, dass annährend 80 % aller Managemententscheidungen intuitiv getroffen werden.

Berne (1991) definiert in seinem Buch *Transaktionsanalyse der Intuition* Intuition als Wissen, das auf Erfahrung beruht und durch direkten Kontakt mit dem Wahrgenommenen erworben wird, ohne dass die intuitiv Wahrnehmende sich oder anderen genau erklären kann, wie sie zu der Schlussfolgerung gekommen ist (ebd., S. 36).

Schweigen und Stille als Ressource

Besonders jungen Kolleginnen und Kollegen fällt es schwer, kurze Phasen des Innehaltens im stillen Kontakt mit den Coachees auszuhalten. Das gilt in vielen Fällen aber auch für unsere Kundinnen. Um das als peinlich fantasierte Nichtstun zu füllen, bietet sich der Einsatz von Methoden an. In diesen Situationen können wir sie durchaus als Angstabwehr verstehen oder als Vermeidung peinlicher, schambesetzter Stillephasen. Um Stillephasen – meistes dauern sie nur wenige Sekunden, die sich wie eine Unendlichkeit anfühlen können – konstruktiv zu gestalten, braucht es eine klare Präsenz des Coaches, um damit das Gegenüber nicht allein zu lassen.

Schweigen macht Sinn, so haben Betz und Reichel (2021) ihr aufschlussreiches Buch genannt. Darin spannen sie einen Bogen von der Bedeutung von Sprechblasen bis hin zur Betrachtung von Verschwiegenheit. Die Autoren sehen Schweigen nicht als Leerstelle, sondern als Chance für einen starken, auch leiblichen Ausdruck. Besondere Qualität hat das einvernehmliche Schweigen, weil der Coachee sich darin geschützt, sicher und einverstanden fühlt. Längere Sprechpausen können den Raum eröffnen für Veränderungsprozesse, der Coachee kann sich selbst spüren, reflektieren und im besten Falle seelisch etwas verdauen.

Warum aber wirkt das Schweigen vielfach so bedrohlich? Wir vermuten, weil es uns in die Stille führt und damit zu unseren Gefühlen, Impulsen, Ängsten und zu Verborgenem. C. G. Jung (1966) war wohl einer der ersten Therapeuten, die diesen dunklen Bereich in uns entdeckten:

> »Der Schatten ist alles das, was du auch bist, aber auf keinen Fall sein willst. Er ist wie ein langer Sack, den wir hinter uns herziehen, denn die Begegnung mit sich selber gehört zu den unangenehmsten Dingen, denen man entgeht, solange man alles Negative auf die Umgebung projizieren kann.«

Es sind die Teile unserer Persönlichkeit, die wir so verabscheuen, dass wir sie unbewusst verstecken und verleugnen möchten. Der Schattenbereich enthält jene Aspekte, von denen wir glauben, dass sie nicht akzeptabel sind. Die Botschaft, die wir von dort bekommen, ist deutlich: »Es stimmt etwas nicht mit mir. Ich bin nicht in Ordnung. Ich bin nichts wert.« So sind wir ganz sicher, dass Schreckliches in unseren Tiefen verborgen liegt, und entscheiden instinktiv, niemals mehr nachzusehen. Wir haben Angst vor uns selbst und tragen von diesem Zeitpunkt an eine Maske. Und die kann so perfekt sein, dass wir ihre Existenz völlig vergessen. Es wird nicht ausbleiben, dass uns die belastenden Schatten der Vergangenheit immer wieder einholen. Sie zu verstehen ist ein großer Schritt in Richtung Versöhnung. Versöhnung so verstanden, dass wir die Dinge so wie sie sind akzeptieren, ohne vor ihnen wegzulaufen.

Manchmal sitzen Coach und Coachee im selben Angstboot und sind froh, wenn etwas passiert. Das ist die Stelle, an der die Coach sich gedrängt fühlen kann, den Methodenkoffer zu öffnen, um ein buntes Spektakel abzubrennen.

Ganz gleich, was der Anlass für das Coaching war, immer wird es um irgendeine Form von Befürchtung, Besorgnis und um damit einhergehende Angst gehen. Wenn es gelingt, im stabilen Kontakt die Angstschichten langsam zugänglich zu machen, bedeutet das mehr Freiheit im Handeln, Denken und Fühlen.

Auftragsklärung, Dreieckskontrakt und Triangulierung

Coaching in Arbeitskontexten definiert sich unter anderem durch den sogenannten Dreieckskontrakt. Gemeint ist damit die Art und Weise, wie die Coach ihre Beziehung zur Organisation der Coachees gestaltet. Wir sprechen dabei von der äußeren Triangulierung – die »innere Triangulierung« beschreiben wir im Abschnitt »Innere Triangulierung und Bündnisse«.

Von der Art der Finanzierung und der Beauftragung des Coachings hängt es ab, wie der *Dreieckskontrakt* zustande kommt. Wir unterscheiden:

- von der Organisation finanziertes Coaching und
- verordnetes Coaching sowie
- Coaching für Selbstzahlende.

Entsprechend gestaltet sich die Beziehung zwischen Coach, Organisation und Coachee. Klären wir zuerst unser Verständnis vom Dreieckskontrakt in Bezug auf die unterschiedlichen Zugänge:

Finanziertes Institutionelles Coaching

Unsere Coachings werden überwiegend durch die Organisation der Coachees finanziert, was den Arbeitsbezug der Beratung eindeutig charakterisiert. Der Kontakt zur Organisation verläuft klassischerweise auf zwei Wegen: Entweder fragt ein Verantwortlicher der Organisation an – das kann der Vorgesetzte sein oder die Personalabteilung –, ob wir uns das Coaching für den Mitarbeitenden vorstellen können, oder die Ratsuchenden melden sich direkt bei uns. In jedem Falle nehmen wir Kontakt – meistens telefonisch – zur auftraggebenden Stelle auf, fragen nach deren Anliegen und stellen uns vor, wenn wir noch nicht bekannt sind.

Grundsätzlich gehen wir nämlich davon aus, dass diejenigen, die finanzielle Mittel zur Verfügung stellen, in der Regel auch ein Anliegen damit verbinden. Vielleicht braucht es an der einen oder anderen Stelle etwas Mut und Frustrations- und Kränkungstoleranz, wenn ein Kontakt nicht auf Anhieb zustande kommt. Ob es gelingt, einen Dreieckskontrakt zu schließen, hängt aus unserer Sicht entscheidend von der inneren Haltung der Coaches ab. Wir können aus Erfahrung sagen, dass die Erfolgsaussichten eher gering sind, wenn uns selbst Unsicherheiten und Ambivalenzen plagen. Wolfgang Weigand (2012) hat darauf aufmerksam gemacht, wie sehr Beraterinnen bei ihrem *Gang ins Zentrum der Macht* mit ihrem eigenen Verhältnis zu Macht und Machtausübung in Berührung kommen. Es ist also hilfreich, als Coach diesbezügliche eigene Muster zu reflektieren, um einen unvoreingenommenen Zugang zu Leitungen zu finden.

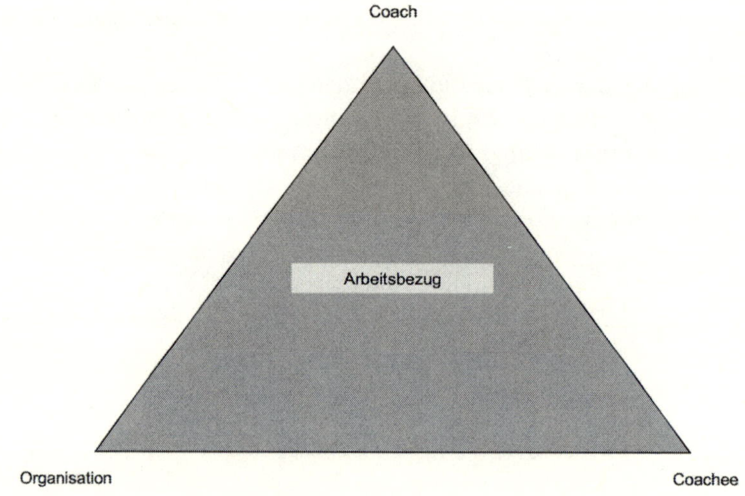

Abb. 3: Die äußere Triade im Coaching

Verordnetes Coaching

Coaching hat sich als Methode der Personalentwicklung inzwischen bewährt. Dadurch verliert die »Anordnung« etwas von ihrem sanktionieren Charakter. In großen Organisationen gibt es zum Teil interne Coaches, die für diese Beratung ausgebildet sind, dazu mehr im Kapitel »Internes Coaching«. Auch eine nachdrückliche Empfehlung der Arbeitgeberin hat nach unseren Erfahrungen letztlich anordnenden Charakter, das Risiko der Ablehnung wird selten in Kauf genommen. Beim verordneten Coaching gibt es dem Charakter nach zwei Zieldefinitionen und zwei Auftragsklärungen:

- Welchen Auftrag erhält der Coach von der Arbeitgeberin des Coachees?
- Und: Inwieweit sind die vorgegebenen Ziele deckungsgleich mit denen der Coachees?

In diesen sensiblen und häufig vorkommenden Fällen ist eine genaue Abklärung als erster Schritt von Nöten. Die Coachee wird unter Umständen skeptisch sein, wie der Coach den Dreieckskontrakt gestaltet: Was verbleibt im geschützten Rahmen des Beratungssettings? Was wird weitergegeben und vor allem was passiert, wenn die Coachee mit den Zielen der vorgesetzten Führungskraft nicht übereinstimmt?

Beim verordneten Coaching gehen wir so vor, dass wir mit Auftraggeber und Coachee möglichst zusammen besprechen, was die Anlässe und Ziele sind. Des Weiteren muss Vertrauensschutz zugesichert werden, das heißt, dass nur das zurückgekoppelt wird, was vorher im Coaching besprochen wurde. Auch diese Feedback-Gespräche finden möglichst wieder zu dritt statt. Die Coach übernimmt dann die Rolle der Moderatorin.

Beim verordneten Coaching sind die ersten Stunden an der Zielklärung entscheidend für den weiteren Prozess. Gelingt es dem Coach, hier einen tragfähigen Kontakt herzustellen, der von Verständnis, aber auch von Divergenz getragen ist, können wir von einer arbeitsfähigen Beziehung ausgehen. Die Beziehung muss unterschiedliche Sichtweisen zulassen, schließlich geht es beim Coaching immer um Veränderung, und zwar um persönliche Veränderung und um strukturelle Veränderung im Arbeitsfeld. Ein tragfähiges Arbeitsbündnis muss einen Blick hinter die Kulissen erlauben, darf Zusammenhänge hinterfragen, Wirklichkeiten infrage stellen usw.

Aus unterschiedlichen Gründen ist manchmal kein Dreiergespräch möglich, dann werden die Zielvorstellungen der Auftraggeberin schriftlich oder mündlich kommuniziert. Bevor wir mit dem Coachee auf die Ziele der Auftraggeberin eingehen, bitten wir ihn, deren Ziele möglichst erst einmal zu »vergessen«, sodass wir uns ein eigenes Bild machen können von seinen eigenen Vorstellungen und Wünschen. Interessanterweise kommt dabei immer heraus, dass die vorgegebenen Ziele und die des Coachees sehr dicht beieinanderliegen, sodass auf dieser Grundlage ein gutes

Arbeitsbündnis möglich ist. Das Bild der Triade entspricht deshalb dem oben gezeigten des »Finanzierten Coachings«.

Coaching für Selbstzahlende

Hier geht es zum Beispiel um eine Führungskraft, die sicher sein möchte, dass ihre Teilnahme am Coaching nicht bekannt wird, eine Art Schamschutz. Diese Fälle akzeptieren wir selbstverständlich und nehmen keinen Kontakt zur Organisation auf, auch die Rechnung wird dann an die Privatadresse versandt.

Coachings für Selbstzahlende können leicht den Hauch einer konspirativen Sitzung annehmen. Es besteht die Gefahr eines Bündnisses mit den Coachees gegen ihre Organisation, besonders wenn das Arbeitsverhältnis sehr konflikthaft ist. Coaching von selbstzahlenden Einzelpersonen stellt triadisch eine besondere Herausforderung dar, denn die Leitung als Auftraggeberin – und damit als Dritte – erscheint nicht im Setting. Es findet kein realer Dreieckskontrakt statt, das ist sein besonderes Kennzeichen. Die Coachees legen nach unseren Erfahrungen größten Wert auf die unbedingte Loyalität der Beraterin, sie sehen in ihr häufig die Verbündete in den Auseinandersetzungen mit ihrer Organisation. Hier besteht für die Beraterin ständig die Gefahr der Vereinnahmung, die Gefahr, den Coa-

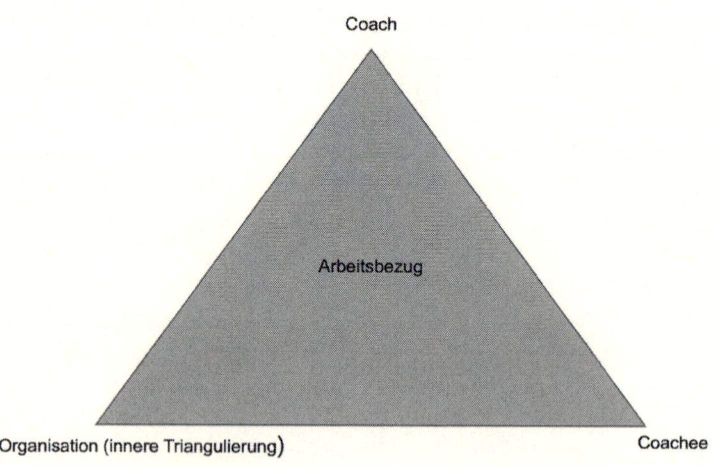

Abb. 4: Innere Triangulierung

chees gegenüber zu loyal zu sein und ihre einseitige Sichtweise zu teilen. Gelingt es dem Coach, den Arbeits- und Organisationskontext des Coachee als konstitutives Element präsent zu halten, ist dies das Dritte, das das Dreieck schließt. Das Besondere am Coaching mit Selbstzahlenden ist, dass die Organisation durch die innere Triangulierung repräsentiert werden muss.

Um den Organisationskontakt in allen drei Zugängen (institutionell finanziert, verordnet, Selbstzahlende) mit unseren Coachees in den Blick zu nehmen, helfen uns Methoden wie »Wir malen (machen) uns ein Bild ihrer Organisation« oder die Methode der Rekonstruktion (s. Kapitel »Interventionen«).

Setting

Diese Details werden zu Beginn des Coachings gemeinsam geklärt und vereinbart:

1. *Wo findet das Coaching statt?*
   Wir empfehlen einen Raum außerhalb der Organisation, um einen ruhigen Rahmen mit Distanz zum Alltäglichen zu sichern.
2. *Länge der Sitzung*
   Je nach zu bearbeitendem Thema und zeitlichem Anfahrt-/Anreiseaufwand zwischen 60 Minuten und drei Stunden. Wir treffen zu Beginn keine starren Vereinbarungen, sondern halten uns immer offen für Nachjustierungen.
3. *Protokolle*
   Wir schreiben keine Protokolle (nur Notizen für uns) und lassen auch keine schreiben.
4. *Frequenz*
   Es empfiehlt sich, für die ersten drei Sitzungen einen kürzeren Abstand (z. B. dreiwöchentlich) zu vereinbaren, um den roten Faden nicht zu verlieren beziehungsweise um erst einmal einen zu entwickeln. Aufgrund der im Coaching gemeinsam gemachten Erfahrungen wird dann neu entschieden.
5. *Feedbackschleife*
   Nach einem vereinbarten Zeitraum oder am Ende des Prozesses findet eine Auswertung statt. Die Auftraggeberin wird in Absprache mit dem Coachee über wichtige strukturelle Ergebnisse in Kenntnis

gesetzt, nach dem Motto »Persönliches bleibt vertraulich, Strukturelles wird zurückgemeldet«.

6. *Ausfallhonorar*
   Üblich ist, dass bei Absagen innerhalb von 48 Stunden vor dem vereinbarten Termin die entfallenen Sitzungen voll vergütet werden.
7. *Vertrag*
   Manche Organisationen haben Musterverträge, die sie dann mit uns abschließen. Ist das nicht der Fall, versuchen wir die Beziehung durch Regelungen nicht auf Kosten des Kontaktes zu verrechtlichen. Für uns ist eine Mail an die Auftraggebenden – oder die Selbstzahlenden – mit Angaben über die Höhe des vereinbarten Honorars und über den ersten Termin mit Ortangabe ausreichend. Alles Weitere klärt sich im Prozess.

Fallbeispiel: Ein Koch unter Druck

Auf Empfehlung der PE-Abteilung einer großen überregional tätigen Senioreneinrichtung wurde ich (HP) an die Leiterin eines Hauses in meiner Nähe vermittelt. Sie schilderte am Telefon einen schon länger währenden Konflikt mit dem Serviceleiter. Er war dort seit zwei Jahren beschäftigt, von Beruf Koch und hatte vorher in erstklassigen Hotels gearbeitet. Zu seinem Bereich gehörten vier Vollzeitkräfte, sechs Teilzeitkräfte und drei Auszubildende. Mit seiner Arbeit war sie im Prinzip zufrieden, bemängelte aber den Mangel an Flexibilität und seine Sturheit, wie sie es nannte. Die PE-Abteilung habe ein Coaching empfohlen. Im ersten persönlichen Kontakt wiederholte sie diese Aussagen und schilderte zwei Beispiele, die ich aufgrund meiner mangelnden Fachkenntnisse in diesem Bereich nur begrenzt nachvollziehen konnte. Auf die Frage nach der Bereitschaft des Serviceleiters zum Coaching ging sie davon aus, dass er dazu bereit sei. Die Frage nach möglichen weiteren Konflikten im Haus verneinte sie energisch (das hätte mich nachdenklich stimmen können, wie sich noch zeigen wird – das hätte zu diesem Zeitpunkt aber vermutlich nichts geändert).

Anschließend fand ein Gespräch zu dritt statt, in dem die Leiterin die Kritik wiederholte und das Ziel formulierte, die Kooperationsbereitschaft des Serviceleiters zu verbessern. Der Coachee willigte in die Beratung ein, auch wenn er die Kritik in dieser Form nicht annehmen konnte. Er sah aber keine andere Möglichkeit, da das Verhältnis zur Leiterin sehr angespannt war.

Es wurden fünf Sitzungen Coaching vereinbart mit der Option auf Verlängerung. Nach diesen Sitzungen fand ein Auswertungsgespräch zu dritt statt.

Der Serviceleiter kam zu den Sitzungen zu mir ins Institut. Er war sehr dankbar, endlich jemanden zu haben, dem er seine Sorgen und Nöte ohne Zensur schildern konnte. Bisher musste dafür immer seine Freundin herhalten, wie er es formulierte. Da sein Arbeitsbereich innerhalb der Institution relativ autonom war, hatte er dort keine echten Kolleginnen und Kollegen, mit denen er sich austauschen konnte. Es gab zwar noch elf weitere Leiterinnen und einen Leiter für bestimmte Arbeitsfelder, die sich wöchentlich zu einer gemeinsamen Sitzung trafen, aber mit ihnen gab es keine Schnittstellen, sodass er sich sehr isoliert und der Gesamtleiterin ausgeliefert fühlte.

Als Problem sah er, dass Feste und große Veranstaltungen, die er organisieren musste, äußerst schlecht vorbereitet waren. Er bekam nur ungenügende Informationen über die Anzahl der Teilnehmenden und die besonderen Anliegen der Veranstalter. So musste er ständig improvisieren. Aber dazu fehlten die Ressourcen, z. B. konnten die Teilzeitkräfte nur sehr bedingt flexibel eingesetzt werden, sodass er in seiner Freizeit oft einspringen musste. Er arbeitete bis zur Belastungsgrenze, und nur so funktionierte es auch immer noch befriedigend.

Im ersten Auswertungsgespräch wurden diese Punkte angesprochen. Doch unterschieden sich die Sichtweisen der Gesamtleiterin und des Serviceleiters in wesentlichen Punkten. Unterm Strich konnte dennoch für einen Dauerkonflikt zwischen den beiden eine Vereinbarung getroffen werden. Leider erinnere ich nicht mehr, um was genau es dabei ging. Meinen Vorschlag, zur Verbesserung der Absprachen zwischen beiden gemeinsame Sitzungen einzuführen, schlug die Leitung vehement aus. Sie habe so viel um die Ohren, dass sie das nicht auch noch wolle, und sei auch nur noch gut ein Jahr im Dienst. Insgesamt sah sie das Coaching aber auf einem guten Weg, da sie die Bemühungen des Serviceleiters sah, seinen Bereich effektiver zu organisieren. So wurden fünf weitere Coachingsitzungen vereinbart.

In die zweite dieser Sitzungen kam der Serviceleiter völlig aufgelöst, da ihm überraschend gekündigt worden war. Er hatte es abgelehnt, erneut seine Freizeit zu opfern, um für eine größere Veranstaltung einzuspringen. Es war der neunte Tag, den er durchgearbeitet hatte.

Mit der Kündigung hatte er zwar nicht gerechnet, aber so wollte er auch nicht weiterarbeiten, da keine Anerkennung für sein Engagement zu spüren war. So nutzten wir die verbleibenden drei Sitzungen für eine Art Outplacementberatung. Gleichzeitig hatte er einen Anwalt beauftragt, um eine Abfindung auszuhandeln.

Es gelang mir nicht – trotz der positiv verlaufenen Vorgespräche – einen tragfähigen Kontakt zur Leiterin herzustellen. Deutlich wurden erhebliche strukturelle Dysfunktionen im Servicebereich, die konfliktverschärfend wirkten. Ich sehe in diesem Coaching trotzdem positive Seiten, nämlich dem Serviceleiter einen Rahmen geboten zu haben, um sich von seiner Wut und Enttäuschung trennen zu können. Im Nachhinein kam mir der Gedanke, ob es vielleicht sogar ein bewusstes oder unbewusstes Anliegen der Leiterin war, das Coaching als »Ausstiegsdroge« zu nutzen.

Wie aus einem privaten Coaching ein institutionelles Coaching werden kann

Die Grenze zwischen Privatem und Öffentlichem ist manches Mal dünner, als man auf den ersten Blick denken könnte. Wenn die Coach davon überzeugt ist, dass das Coaching wirksamer ist, wenn es institutionell angebunden ist, sind hier Grenzverschiebungen möglich, wie das folgende Beispiel zeigt.

Fallbeispiel: Diskreter Fluchtversuch aus der Organisation

Ich (KTB) bekomme einen Anruf von einer Frau Roth, die sich zum Coaching verabreden möchte. Sie spricht hastig und etwas flüchtig. Da sie im Büro sitzt, kann sie nicht so frei sprechen. Es geht ihr um eine Karriereberatung. Eine Klientin von mir, mit der sie befreundet ist, hat mich als Coach empfohlen. Frau Roth arbeitet als Niederlassungsleiterin in einem Familienbetrieb, einer Spedition mit Hauptsitz in einem anderen Bundesland. Mehr möchte sie jetzt am Telefon nicht preisgeben. Wir verabreden ein Gespräch zum Kennenlernen. Ich frage mich, ob ich die richtige Person für diesen »Job« bin. Karriereberatung ist nicht mein Steckenpferd. Meine Intervisionsgruppe rät mir, zunächst das Erstgespräch abzuwarten.

Mit dem ersten kurzen Kontakt am Telefon und unserer Resonanz darauf sind wir bereits mitten im Fallverstehen und in der Sondierungsphase. Deshalb auch haben wir oben ja auch dafür plädiert, sich am Anfang eines jeden Coachingprozesses ausreichend Zeit für die Auftragsklärung zu nehmen und gemeinsam zu erkunden, was das Ziel der Beratung sein kann und welches Setting dafür angemessen scheint, um also den Beratungszug von Beginn an auf das richtige Gleis zu setzen. Dazu gehört auch die Resonanz aus der eigenen Intervisionsgruppe (siehe Kapitel »Netzwerk und Intervision«). Die Coachee kündigt in ihrer Anfrage eine Karriereberatung an. Das Erstgespräch in meiner Praxis verläuft wie folgt:

Frau Roth berichtet, dass ihr die Arbeit in dem Familienbetrieb seit Langem keine Freude mehr macht. Sie fühlt sich vom Hauptsitz abgekoppelt und auf sich allein gestellt. In der Niederlassung ist sie, neben den Fahrern, die einzige Mitarbeiterin. Die Arbeit mit der Kundschaft, den Fahrern und auch die Logistik machen ihr viel Spaß, nur der Kontakt zu den Kollegen und Kolleginnen im Hauptsitz belastet sie. Vom Geschäftsführer fühlt sie sich nicht gesehen und nicht gefördert. Mit den anderen Disponenten im Hauptsitz gibt es kaum Verbindungen. In manchen Situationen empfindet sie eine kulturelle Distanz. Frau Roth stammt ursprünglich aus der Ukraine. Manche Gesten und Bräuche auf Betriebsfeiern waren ihr fremd. Außerdem hat sie manchmal das Gefühl, bei telefonischen Kontakten im Tagesgeschäft nicht ernst genommen und verstanden zu werden. Frau Roth ist ausgebildet als Speditionskauffrau. In letzter Zeit denkt sie immer öfter über einen Berufs- und Branchenwechsel nach. Da ihr der Kontakt mit Menschen Freude bereitet, überlegt sie, in den sozialen Bereich zu wechseln. Das alles möchte sie mit mir nur hier in diesem geschützten Raum besprechen. Ihr Chef, so sagt sie, darf von ihren Überlegungen auf keinen Fall etwas erfahren.

Mich beschleicht ein ungutes Gefühl. Ich fühle mich eingeengt und mit hineingezogen in ein Konstrukt von Heimlichkeiten. Allein die Vorstellung, Kontakt mit dem Geschäftsführer aufnehmen zu wollen, löst bei mir Schuld- und Schamgefühle aus, ebenso die Vorstellung, im Geheimbund mit der Klientin zu arbeiten. Für einen Moment kann ich nicht klar denken. Kopf und Herz verraten mir, dass hier etwas nicht stimmig ist.

Im weiteren Verlauf des Gespräches erfahre ich, dass sich der Kontakt zwischen Frau Roth und dem Geschäftsführer seit Jahren nur noch um das Alltagsgeschäft dreht. Es gibt fast täglich Telefonate, die, da das Geschäft der Firma boomt, meist unter Hochdruck abgewickelt werden müssen. Vor einem Jahr wurde ein Personalgespräch zwischen beiden im Hauptsitz vereinbart, für das Frau Roth zum Hauptsitz reiste. Wegen der Arbeitsfülle wurde aber doch wieder nur über das Alltagsgeschäft gesprochen, ohne dass ein neuer Termin für das Personalgespräch vereinbart wurde. Für meine Coachee war das eine herbe Enttäuschung. Sie berichtet auch, wie sehr ihr die Arbeit Freude macht, wenn sie mit den Kundinnen oder Fahrern spricht. Sie würde sehr gern noch viel mehr leisten und sich dafür auch weiter qualifizieren. Der Lohn für ihren abgekoppelten Arbeitsplatz ist eine gewisse Unabhängigkeit, die sie sehr zu schätzen weiß.

Ich kann die Enttäuschung und Kränkung meiner Klientin nachempfinden und frage mich, wie in dieser Firma Kontakte gestaltet werden. Es scheint für Frau Roth nicht möglich zu sein, sich Gehör zu verschaffen. Obwohl sie ihre Arbeit mag und gut qualifiziert dafür ist, spielt sie mit dem Gedanken, auf leisen Sohlen die Firma zu verlassen. Es gibt augenscheinlich in der Firma einen hohen Arbeitsdruck, dem einiges zum Opfer fällt, eben auch ein verabredetes Personalgespräch. Ich frage mich, wie es wohl dem Geschäftsführer in seiner Position und mit Frau Roth geht. Inzwischen habe ich mich von dem einengenden Gedanken, hier ein Coaching unter Nicht-Einbeziehung des Geschäftsführers zu machen, befreit. Mit dem, was Frau Roth erzählt, steht für mich außerdem eine Karriereberatung nicht im Vordergrund. Ich habe eher den Impuls, dass es sich für Frau Roth und die Firma lohnen könnte, über die Unzufriedenheit und den Wunsch nach Entwicklung ins Gespräch zu kommen. Ich teile Frau Roth meine Gedanken mit, dass es aus meiner Sicht zunächst darum gehen könnte, ihre Möglichkeiten und Grenzen der persönlichen Entwicklung in der Firma auszuloten. Ich schlage vor, dem Geschäftsführer von ihrer Idee, sich durch eine Coach unterstützen zu lassen, zu berichten und ihn zu bitten, die Kosten dafür zu übernehmen. Ihr erscheint diese Idee zunächst völlig absurd. Sie glaube keinesfalls daran, dass ihr Chef ein Coaching unterstützen, geschweige denn dafür bezahlen würde. Aber sie würde es dennoch versuchen.

Im Erstgespräch gelingt es, das bereits festgelegte und gleichzeitig einengende Anliegen der Coachee zu öffnen. Aus der angefragten diskreten Karriereberatung entwickelt sich eine neue Suchbewegung hin zum Ausloten von Veränderungsmöglichkeiten innerhalb ihres Arbeitsplatzes. Ermöglicht wurde das durch die Auflösung des Bündnisses zwischen Coach und Coachee. Die dritte Position des Geschäftsführers konnte zunächst von der Coach und anschließend, wenn auch noch skeptisch, von der Coachee mit in Betracht gezogen werden. Damit erweiterte sich der Emotions-, Gedanken- und Handlungsspielraum.

Das Hinzuziehen einer dritten Position als grundlegendes Prinzip unserer Beratungsarbeit wird hier deutlich. Durch den Einbezug des Vorgesetzten wird der Dritte mit ins Boot geholt. Das Denken in Triaden kann als Alternative zu dualen Konzepten von »richtig und falsch«, »Feind-Freud« und »entweder-oder« gesehen werden. »Triadisches Denken steht für

Öffnung, Vermittlung und Anerkennung, für Bewegung und Entwicklung, Aushalten von Widersprüchen und passt damit zu einer sich stetig verändernden, offenen Welt« (Grieser, 2017, S. 15). Duales Denken führt in der Regel zu Spaltung und Vereinfachungen, was im Umgang mit komplexen Beratungssituationen nicht hilfreich ist. Mit dem triadischen Blick wird ein Element ergänzt und damit die Perspektive erweitert. Gleichzeitig ist triadisches Denken auch Komplexität reduzierend. Und zwar dann, wenn komplexe Dynamiken auf eine zentrale Dreiecksstruktur oder mehrere relevante Dreiecke reduziert und so überschaubarer strukturiert werden. Und das ist es, was wir im Coaching versuchen: die Situation unserer Klientinnen besser zu verstehen, um daraus gemeinsam neue Handlungsmöglichkeiten zu entwickeln. Buchholz schreibt dazu: »Wenn wir auf etwas aus wenigstens drei Blickpunkten schauen, […] können wir einigermaßen sicher sein, dass wir einen Zipfel der Wirklichkeit erwischt haben« (Buchholz, 1993, S. 8).

Wir empfehlen immer dann, wenn einzelne Personen Coaching anfragen, zu prüfen, ob es möglich ist, die Organisation in Form des nächsten Vorgesetzten zu involvieren und damit einen Dreieckskontrakt zu schließen.

Weiter im Fall: Frau Roth ruft mich einige Tage später an und teilt mir mit, dass der Geschäftsführer zugestimmt hat, das Coaching zu finanzieren, und dass er dafür ein Angebot von mir benötigt. Allerdings hatte er auch mitgeteilt, dass er persönlich mit der ganzen Sache nichts zu tun haben will. Ich sage ihr, dass es mir wichtig ist, die Sicht des Geschäftsführers kennenzulernen, und dass ich in das Angebot auch ein Vor- und Auswertungsgespräch mit ihm aufnehmen werde. Sie ist skeptisch, ob sich ihr Chef darauf einlassen wird, und bittet mich noch, das Angebot lieber an ihre private E-Mail-Adresse zu senden, damit sie es weiterleiten kann.

Der Geschäftsführer reagiert schnell und nimmt das Angebot an. Daraufhin verabrede ich per E-Mail einen Telefontermin mit ihm. Zur verabredeten Zeit rufe ich im Hauptsitz an. Ein Disponent hebt ab und erklärt mir, dass es unmöglich sein kann, dass ich verabredet bin, denn der Chef sei jetzt ausgesprochen beschäftigt. Ich bitte ihn, den Geschäftsführer trotzdem von meinem Anruf zu unterrichten. Es sei wichtig. Nach kurzer Wartezeit erfahre ich, dass ich einen Rückruf in zehn Minuten erwarten kann. Ich warte 20 Minuten, atme Anflüge von Ärger weg und bin gespannt auf das Telefonat. Der Geschäftsführer meldet sich zunächst etwas reserviert und mit Verweis auf seine begrenzte Zeit, doch dann erzählt er recht ausführlich von seinen Belastungen als Geschäftsführer eines Familienbetriebes und dass er die Position des

Geschäftsführers quasi geerbt habe. »Anfangs wollte ich sie nicht, jetzt habe ich sie und muss damit der Anforderung, alles unter einen Hut zu bringen, genügen. Das ist sehr herausfordernd.« Wir kommen allmählich ins Gespräch. Mit der Arbeit von Frau Roth sei er grundsätzlich zufrieden. Sie sei sehr zuverlässig und ihr Wohlergehen liege ihm am Herzen. Allerdings stelle sie seine Geduld oft auf die Probe. Sie könnte sich besser strukturieren und sich in technischen Fragen qualifizieren. Dem Coaching stimmt er zu, auch einer Auswertung in Berlin zu dritt. Ich kann also seine Perspektive mit ins Coaching aufnehmen. Meiner Klientin erzähle im nächsten Coaching von unserem Gespräch. Der Dreieckskontrakt wird in diesem Telefonat und meinem anschließenden Gespräch darüber mit Frau Roth geschlossen.

Organisationsdynamik und Auftragsklärung

Der Fall Roth macht deutlich, warum wir empfehlen, die Entscheidung über die Form der Beratung den Klientinnen am Anfang nicht allein zu überlassen. »Ein Beratungsprozess beginnt nicht erst dann, wenn Beraterinnen kontaktiert werden. Bevor dies passiert, haben die Beteiligten meist schon mit eigenen Mitteln versucht, das Problem zu lösen« (Rappe-Giesecke, 2008, S. 64). Wir können also davon ausgehen, dass wir »in einen laufenden Prozess einsteigen« (ebd.). So ist es nicht verwunderlich, wenn Klienten bereits mit einer Idee ins Coaching kommen, wie ihr Anliegen zu bearbeiten wäre. »Expertise und Beraterkunst zeigt sich aber darin, [sie] in respektvoller Weise [...] als eine der möglichen Sichtweisen auf die Situation zu behandeln« (ebd., S. 65). Die Auftragsklärung und die »Beratung über Beratung« (welches Verfahren und welches Setting sind in diesem je konkreten Fall sinnvoll?) gehören somit zu den Essentials am Anfang eines jeden Coachings.

Dies ist allerdings leichter gesagt als getan; im Kapitel »Das Rollenkonzept als Grundmodell« sind wir bereits auf die Differenz zwischen vorgetragenen und untergründigen Anliegen eingegangen. Als Coaches machen wir immer wieder die Erfahrung, dass wir die »Phänomene in der Struktur und der Dynamik der Institution nur schwer einschätzen [können]; dass sich ihr institutioneller Sinn immer wieder entzieht und nur verschlüsselt zum Ausdruck kommt« (Wellendorf, 2000, S. 32). Wellendorf spricht hier zwar vom Supervisionsprozess, aber seine Gedanken lassen sich auch auf das Coaching übertragen: »Nur wenn der Supervisionsprozess [Coachingprozess] zugleich ein Prozess institutioneller Analyse ist, können die verdeckten Bedeutungen schrittweise ans Licht kommen« (ebd., S. 34). Daher plädiert er für eine »permanente Nachfrageanalyse«, das heißt dafür, den Kontrakt und damit das gewählte Verfahren stetig im Auge zu behalten und seine Angemessenheit immer wieder zu hinterfragen. So wie in diesem Falle die Nachfrage dazu führte, von der isolierten Einzelberatung einer Selbstzahlerin zur institutionell angebundenen triadischen Beratung zu wechseln.

Es lohnt sich für Coaches, die verschiedenen Beratungsformate im Kontext von Arbeit, wie Mediation, Supervision oder Organisationsberatung zu kennen. Nur so lässt sich im Endeffekt entscheiden, welches Format für das eingebrachte Thema das am besten geeignete ist. Watzlawik (2021) steuert dazu die schöne Geschichte vom Handwerker bei, für den alle Probleme Nägel sind. Dies kann auch jungen Kolleginnen so ergehen, die sich über die Coachingausbildung hinaus nicht für andere Formate und die Abgrenzungen interessieren. Für sie wären dann alle Beratungsprobleme Coachingfälle.

Merken wir, dass der Fall nicht zu uns passt beziehungsweise wir das angemessene Beratungsverfahren nicht bedienen können, sollten wir den Fall an eine Kollegin oder einen Kollegen weitervermitteln. Das erfordert manchmal ein Zurückstecken der narzisstischen Kränkung, nicht jeden Auftrag bedienen zu können. Im oben beschriebenen Fall blieb das angefragte Coaching das passende Format. Der Wunsch nach einem »heimlichen Kontakt« konnte jedoch aufgegeben werden. Mit der Einbeziehung des Geschäftsführers als Vorgesetztem veränderte sich das Format vom Coaching für Selbstzahlende zu einem institutionellen Coaching. Der Dreieckskontrakt ermöglichte statt einer Karriereberatung und der damit verbundenen Idee vom Ausstieg aus der Firma nun, die Möglichkeiten und Grenzen der persönlichen Entwicklung innerhalb des bestehenden Arbeitsverhältnisses auszuloten.

Innere Triangulierung und Bündnisse

Neben der äußeren Triangulierung spielt im Coaching auch die »innere Triangulierung« (Pühl, 2022) eine Rolle. Der Wunsch der Coachee nach einem »heimlichen« Coaching löste bei der Coach ein Gefühl von Enge, Unbeweglichkeit, von Schuld und Scham aus. Das Gefühl, nicht frei agieren zu können, ist in der Regel ein deutliches Anzeichen dafür, dass ein Bündnisangebot im Spiel ist.

Abbildung 5 zeigt, wie sich der Denk- und Handlungsspielraum verengt, wenn Coach und Coachee ein Bündnis eingehen.

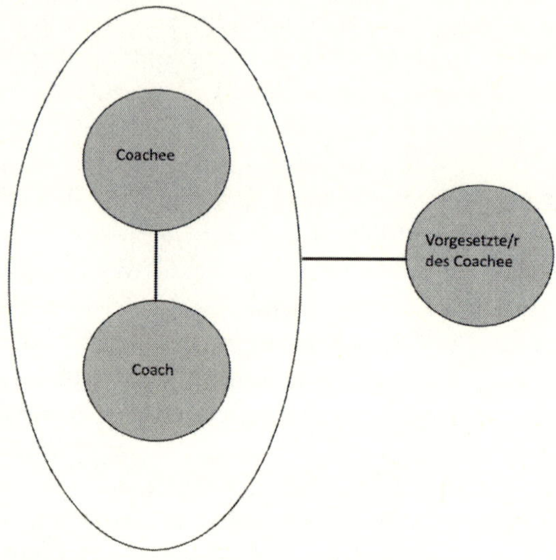

Abb. 5: Bündnisbildung

Abbildung 6 zeigt, wie sich ein Raum mit Einbeziehung einer dritten Position öffnen kann.

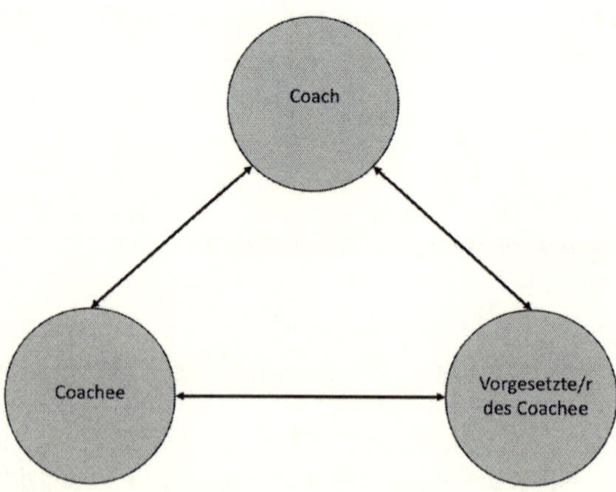

Abb. 6: Äußere Triade

Entsprechend führen Busse und Tietel zur Triade aus:

> »Der ›triadische Blick‹ auf soziale Zusammenhänge differenziert und vervielfältigt die Wahrnehmung von sozialen Phänomenen, wenn anstelle von dyadischen Beziehungen triadische Konstellationen identifizierbar werden. [...] Zugleich begrenzt triadisches Denken die Komplexität: Wenn man eine mehrdimensionale und komplexe Dynamik [...] auf eine zentrale Dreiecksstruktur [...] reduziert, wird diese überschaubarer und angemessener analysierbar« (Busse & Tietel, 2018, S. 15).

Erweiterung von Dualität und Reduzierung von Komplexität sind also die Effekte des Triadischen.

Dabei ist die Triangulierung durch zwei Bewegungen gekennzeichnet: die Annäherung und die Distanzierung. Die Herausforderung für den Coach ist es, sich beiden Partnerinnen des Dreiecks annähern zu können, das heißt im Kontakt zu sein, sich empathisch in die jeweilige Position versetzen zu können. Gleichzeitig braucht es die Fähigkeit, sich distanzieren zu können, ohne den Kontakt zu verlieren. Die zu leistende innere Arbeit, die innere Triangulierung, besteht also im permanenten Oszillieren zwischen den Positionen der Annäherung und der Distanzierung, in der es weder zu Verschmelzung noch zum Abbruch kommt. »Die Entfaltung des triadischen Raums wird durch die Kombination von Anschlussfähigkeit und Isolationstoleranz der Beteiligten – nicht nur der Beraterin – unterstützt. [...]. Gelingt sie, so entsteht ein Möglichkeitsraum im Sinne Donald Winnicotts« (Obermeyer & Pühl, 2015, S. 81). Je besser die Coach die innere Triangulierung immer wieder aufbauen und halten kann, umso besser kann diese von den zu Beratenden aufgenommen werden.

Das Bewegen in der Triade ist allerdings auch brisant, weil es tiefe menschliche Grundbedürfnisse berührt. Denn in einer Triade, der kleinsten Einheit einer Gruppe, besteht für die Einzelnen grundsätzlich immer die Gefahr des Ausschlusses, wenn sich zwei gegen einen verbinden. »Diese ›Zwei-gegen-einen-Struktur‹ [...] begründet die existentiellen Grundängste, die uns allen nicht fremd sind. Es ist die Angst vor dem Ausgeschlossenwerden, vor der Ausstoßung. Ich nenne das die triadische Grundangst« (Pühl, 2022, S. 24). Sie sitzt wohlbehütet in unserem Unbewussten und speist sich aus biografischen und institutionellen Erfahrungen in Schule, Ausbildung und Arbeitskontakten. Es sind die tiefsitzenden und schmerzhaften Erfahrungen wechselnder Bündnisse und damit verbundener Gefühle von Ausstoßung, Ablehnung bis hin zu partiellen Einsamkeitserlebnissen.

Der Ausschluss ist aber nicht das einzige Risiko. Das zweite Risiko ist das der Vereinnahmung, verbunden mit den »schizoiden Ängsten vor dem Verschlungen werden und der Selbstaufgabe« (Obermeyer & Pühl, 2015, S. 80). Beide Gefahren berühren tiefe menschliche Grundbedürfnisse. Denn als soziales Wesen braucht der Mensch zum Überleben den Anschluss an die Gemeinschaft, zur Entfaltung braucht er individuellen Freiraum. Der unbewusste Rückbezug auf diese Grundbedürfnisse kann erklären, warum das Erleben der Coaches sequenziell wahrhaftig existenzielle Dimensionen annehmen kann.

Wir plädieren deshalb aber nicht dafür, Bündnisse nicht geschehen zu lassen. Wellendorf schreibt dazu zwar explizit vom Supervisor, aus unserer Sicht ist dieser Ansatz jedoch auf Coaching übertragbar.

> »Der Supervisor [Coach] würde nicht nur seine Beziehung zum Klienten gefährden, wenn er sich aus der Verwicklung in institutionelle Prozesse einfach herauszuhalten versuchte; es wäre nicht einmal wünschenswert. Denn damit verlöre er das wichtigste Instrument seiner Supervisionsarbeit [Coachingarbeit]: die Beziehung zum Klienten« (Wellendorf, 2000, S. 34).

Wellendorf sieht in der Verwicklung der Beratenden sogar eine Chance: »[D]er Supervisor [ist] von Anfang an in die Prozesse, die in der Institution ablaufen, einbezogen. Seine Beziehung zum Klienten wird nicht durch ihn allein bestimmt, sondern in Form und Inhalt auch durch die institutionelle Dynamik und Struktur« (ebd., S 34). Institutionelle Dynamiken spiegeln sich also in der Coach-Coachee-Beziehung. Einerseits sehen wir also in den Verwicklungen das Potenzial, Organisationsdynamiken auf einer tieferen Ebene zu verstehen. Andererseits können sich Beratende »in diesem Verständnis von jeder Hybris des souveränen Funktionierens verabschieden« (Obermeyer & Pühl, 2015, S. 84). Dies können wir als Plädoyer für fortlaufende Selbstreflexion der Coaches verstehen (siehe auch Kapitel »Netzwerke und Intervision«). Ohne permanente Selbstreflexion besteht die Gefahr, dass Verwicklungen zu schwer auflösbaren Verstrickungen führen.

Im Fall von Frau Roth wird in der Eingangsszene eine Anfrage mit Hinweis auf Diskretion an die Coach gerichtet. Das anfängliche Kontaktverbot zum Geschäftsführer lässt sich als Bündnisangebot an die Coach verstehen.

Die Coach erlebt das unmittelbar als Einengung. Dieses Gefühl entspricht wohl auch dem der Klientin. Hier spiegelt sich bereits eine Facette der Firmenkultur: Heiße Eisen außerhalb des Tagesgeschäftes werden besser nicht offen angesprochen. Im ersten Versuch, telefonisch in den Kontakt mit dem Geschäftsführer zu kommen, erlebt die Coach, welches Kränkungspotenzial in einer weiteren Facette stecken kann: Das Tagesgeschäft steht über allem. Es ist nicht leicht, mit dem Geschäftsführer Kontakt aufzunehmen. Sich hier mit der Klientin zu verbünden und ebenso wie sie in das Jammern über den Geschäftsführer einzusteigen, war für die Coach eine starke Verführung. Im Rahmen der Auftragsklärung zeigt sich also bereits, ob ein verbindlicher Kontakt möglich ist und ob Mut zum Ansprechen von dem, was uns bewegt, als Teil der Organisationsdynamik Raum hat. Die Fähigkeit, eigene, auch schmerzliche Gefühle wahrzunehmen, sie sinnvoll in Beziehung zur Dynamik der Organisation zu setzen und sie im passenden Moment nach dem »Prinzip Antwort« (s. Kapitel »Mut zur Präsenz und das Prinzip Antwort«) zur Verfügung zu stellen, halten wir für ein wichtiges Handwerkszeug.

Die Phasen des Coachingprozesses

Sowohl den Gesamtprozess als auch die einzelnen Sitzungen eines Coachings stellen wir gerne, in Anlehnung an die Ausführungen von Otto Scharmer (2014), in einer U-Form dar. Die U-Form deutet an, dass es sich im Coaching nicht um einen geradlinigen Prozess von A nach B handelt, sondern um einen tieferen Öffnungsprozess.

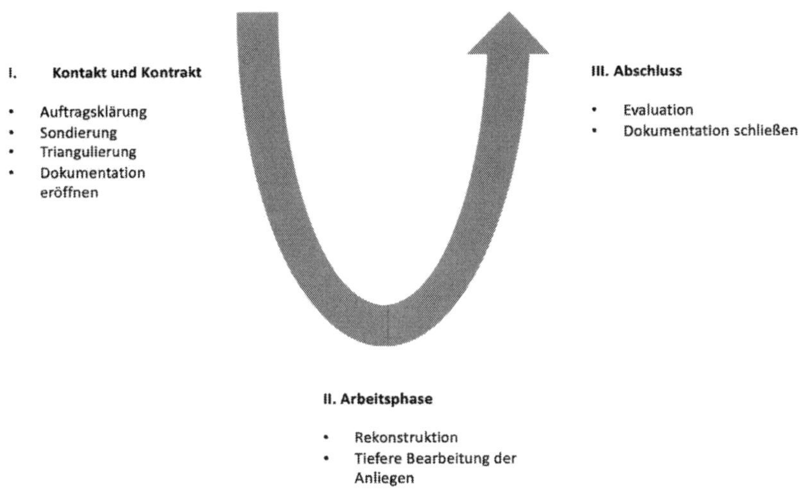

Abb. 7: Coachingprozess in drei Phasen

Den Gesamtprozess unterteilen wir in drei Phasen:

I. Kontakt und Kontrakt,
II. Arbeitsphase und
III. Abschlussphase

Die erste Phase im Coaching: Kontakt und Kontrakt

In der Phase »Kontakt und Kontrakt« lernen sich Coach und Coachee kennen und sondieren, ob sie sich eine gemeinsame Arbeit vorstellen können, ob es ihnen gelingt, einen tragfähigen Arbeitskontakt miteinander zu schließen. Im Kapitel »Auftragsklärung« haben wir die drei Formen von Coaching bezüglich der Ausgangslage beschrieben: Selbstzahlende, institutionelles Coaching und verordnetes Coaching. In jedem Erstgespräch wird der Coach sich und seine Arbeitsweise unabhängig von der Ausgangslage vorstellen. Wir platzieren in diesem Gespräch unser trianguläres Verständnis und erkunden, ob die Vorgesetzte zur Herstellung des Dreieckskontraktes mit eingebunden werden kann. Der Coachee berichtet von sich und seinem Anliegen. Coach und Coachee werden testen, ob sie ausreichend Vertrauen in das Arbeitsbündnis entwickeln können. In der Auftragsklärung am Anfang des Prozesses ist auch zu prüfen, ob der Coach das Anliegen der Coachee inhaltlich und gefühlsmäßig versteht. Wir haben die Erfahrung gemacht, dass es sich sowohl für Coach als auch für Coachee lohnt, sich Zeit für diese Klärung zu nehmen. Denn wie gesehen, muss das erstgenannte Anliegen nicht das eigentliche sein, an dem gearbeitet wird. Wir gehen davon aus, dass nicht alle Themen, die unsere Coachees beschäftigen, gleich im ersten Kontakt zur Sprache kommen. Manchmal sind Themen, die hinter dem formulierten Anliegen liegen, den Coachees noch nicht bewusst, da zu angst- oder schambesetzt, und offenbaren sich erst im Laufe des weiteren Prozesses. Manches kann erst angesprochen werden, wenn ausreichend Vertrauen in die Beziehung zur Coach gewachsen ist. Daher können die anfänglichen Fragen im Laufe des Prozesses bei Bedarf immer wieder neu gestellt und die Antworten darauf justiert werden. Wenn das Anliegen für beide greifbar ist, braucht es die Gewissheit, dass Coaching das angemessene Format ist.

Coach und Coachee werden im Erstgespräch auch miteinander klären, welche Verantwortung sie jeweils im Prozess übernehmen. Wir verstehen uns dabei als Prozessberatende in Anlehnung an das Konzept von Ed Schein (2010). Prozessberatung ist ein co-kreativer Prozess. Als Prozessberaterinnen ermöglichen wir einen Such- und Erkenntnisprozess, der es den Coachees ermöglicht, Ideen für das Anliegen selbst zu finden. Wir klären am Anfang, dass wir auch unsere Ideen anbieten, wenn es uns hilfreich erscheint. Dabei liegt die Entscheidung über die Annahme immer bei dem oder der Coachee, denn letztendlich weiß nur sie oder er, was angemessen und hilfreich ist. Wir erleben allerdings auch, dass Coachees Beratung bei uns anfragen, weil sie von unserer Fachkompetenz profitieren möchten. Das halten wir für völlig legitim. Deshalb ist es notwendig, am Anfang genau zu eruieren, was das Hauptanliegen ist. Geht es in erster Linie um die Vermittlung von Fachwissen, dann empfehlen wir eine Fortbildung. Wenn es uns im Laufe des Coachings sinnvoll erscheint, Fachwissen einzubringen, um das Anliegen besser bearbeiten zu können, dann kontaktieren wir den kurzzeitigen Formatwechsel. Wir teilen unseren Coachees ein Modell oder eine Theorie mit, die uns in den Sinn kommt und hilfreich sein könnte, um das Anliegen tiefer zu verstehen. Und wir fragen sie, ob sie Interesse daran haben, dass wir es ihnen vorstellen. Nur, wenn wir eine Zustimmung erhalten, geben wir unser Fachwissen weiter.

Ist das Arbeitsbündnis tragfähig und sind die Rollen klarer, dann steht der emotionale Vertrag zwischen Coach und Coachee. In einem formellen Vertrag werden die Ziele, die Anzahl der Sitzungen, der Zeitumfang, der Ort, das Honorar, die Vertraulichkeit und die Modalitäten der Evaluation festgelegt, wie wir das bereits im Abschnitt »Setting« beschrieben haben. Der Fall erhält spätestens jetzt einen Platz in unserer Dokumentation.

Die zweite Phase im Coaching: Arbeitsphase

In der Arbeitsphase, die in der Regel mehrere Sitzungen umfasst, bearbeiten wir die Anliegen unserer Coachees, wie dies an den Beispielen deutlich geworden ist. Wir stellen uns ebenso wie beim Gesamtprozess den Verlauf der einzelnen Sitzung in U-Form vor. Wir gehen davon aus, dass Veränderung, um die es ja im Laufe des Coachings geht, nur in einem geöffneten Zustand gelingt. Unserem Konzept entsprechend verhelfen wir unseren Coachees zu einer Öffnung ihres Denkens, des Herzens und des Handelns.

Das *Innehalten* ist der erste Schritt im U-Prozess. Für uns beginnt das Einstellen auf unsere Coachees bereits vor der Sitzung. Wir nehmen uns ausreichend Zeit, um wirken zu lassen, was wir schon aus dem Erstkontakt oder aus vergangenen Sitzungen von der Person und ihrem organisationalen Umfeld erfahren haben. Wir bewegen in uns offene Hypothesen, die wir gebildet haben. Gleichzeitig streben wir einen Zustand an, der eher einer leeren Leinwand gleicht, um neue Eindrücke und Informationen frei aufnehmen zu können. Hier zeigt sich eine von vielen Paradoxien, die wir

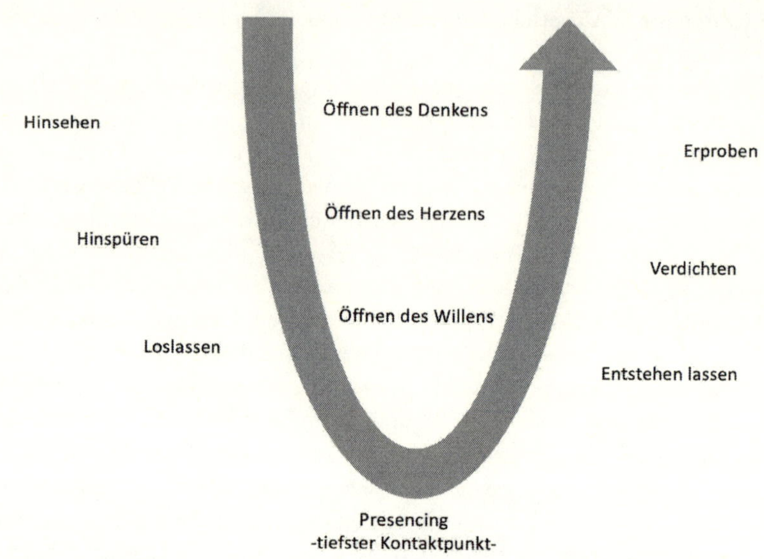

Abb. 8: Verlauf des U-Prozesses einer Coaching-Sitzung

als Coaches balancieren müssen. Zu Beginn einer Sitzung bieten wir unseren Coachees an, mit ein paar Minuten Stille einzusteigen. Das wird meist sehr dankbar angenommen. Die Hektik des Arbeitsalltags und der Anfahrt kann abfallen. Mit diesem Einstiegsritual versetzen wir uns gemeinsam in einen Zustand innerer Ruhe und Konzentration, es entsteht eine symbolische Grenze zwischen Außen und Innen. Ankommen wird ermöglicht und Kontakt kann entstehen. Wenn es möglich ist, dann bitten wir unsere Coachees, ihr Anliegen für die Sitzung zu formulieren und die Situation zu schildern. Am Anfang jeder Sitzung geht es also ebenso wie im Einstieg in den Gesamtprozess immer darum, vor Beginn der tieferen Arbeit am Anliegen in den Kontakt zu kommen und einen Kontrakt zu schließen. Die erste Problembeschreibung der Coachee entspricht ihrer spezifischen Wahrnehmung. Die Coachee wird uns in ihre anfängliche Erzählung mit hineinnehmen, die sich für sie als scheinbar unauflösbare Situation darstellt. Auch wenn es nicht immer einfach ist, so üben wir uns in Geduld und lassen zu, dass sich dieses Szenario entfalten kann. Unsere Aufgabe ist es zu diesem Zeitpunkt, vor allem Verständnisfragen zu stellen.

Damit bewegen wir uns im U-Prozess bereits in Richtung *Hinsehen und Hinspüren*. Da der Kontakt zwischen Coachee und Coach ein Raum ist, in dem sich aktuelle arbeitsbezogene und biografische Anteile inszenieren, ist unser Zuhören zweidimensional. Einerseits hören wir auf die Inhalte des Gesprochenen und anderseits auf Atmosphärisches. Durch unsere Fragen zum Verständnis ermöglichen wir der Coachee, ihre Sichtweise zu erweitern. Allerdings können wir nicht alles, was uns an unbewusstem Material erreicht, sogleich dem Prozess zugänglich machen. Manches von den Erzählungen unserer Coachees, das uns berührt, können wir nicht sofort verstehen und einordnen. Wir verweisen an dieser Stelle auf die bereits im Kapitel »Kontakt als Schüssel zur Begegnung« beschriebene »negative capability«, die Fähigkeit, Unverstandenes, Paradoxien und Ambivalenzen auszuhalten und dem Sog zu widerstehen, den Zustand des Nichtwissens durch Zuordnungen oder vorschnelle Lösungsideen zu beenden.

Wir speichern das uns Berührende, Unverstandene zunächst bei uns. Wir »containen« es, um es an einer passenden Stelle im Prozess einzubringen. Das Konzept des »Containment« geht auf den Psychoanalytiker Wilfred Bion (1990) zurück. Giernalczyk und Möller (2018, S. 26f.) beschreiben den Prozess des Containing wie folgt:

> »Ein Behältnis (Container) nimmt ein ›Etwas‹ (Contained) in sich auf, wodurch sich beide verändern und etwas Drittes entsteht. [...] Die Kunden kommen mit Unverstandenem, Ängsten, Rollenunklarheiten, Erschöpfung und suchen zunächst einmal Entlastung bei der Beraterin. [...] Die aufnehmende Psyche der Beraterin lässt sich durch das Nichtverstehbare, das Frustrierende, das Hineinprojizierte, das Zweifelnde, Schmerzhafte, Bedürftige berühren. Sie kaut es gleichsam durch, um es in verdaulichen Portionen dosiert an die Kunden zurückzufüttern.«

Ein schönes Bild für diesen Prozess liefern die Experimente, die der südafrikanische Künstler William Kentridge mit der Fähigkeit, Offenheit zu halten, angestellt hat. In seinem »Zentrum der weniger guten Ideen« ließ er Musikerinnen, Schauspieler und das Publikum in Performances Offenheit und Unaufgelöstes möglichst lange halten. Die Künstlerinnen vermieden es, eine »gute Idee« zu verfolgen, die »gewissermaßen mit großen Tönen daherkommt«. Sie erlebten dabei, »dass es all diese Ideen an der Peripherie gibt, die an den Rändern schweben« (Kentridge, 2018, S. 68). Es eröffnen sich »Momente, in denen wir plötzlich die Möglichkeit einer Verbindung sehen. In diesen Momenten haben wir ein Gefühl wirklicher Energie im Körper« (ebd., S. 67). Nach Kentridge müssen

Künstler für ihre Arbeit die Angst bewältigen, die aufkommt, wenn der Eindruck entsteht, das Gesagte nicht zu verstehen, und wenn dadurch die Versuchung wächst, die Lücke des Nicht-Wissens vorschnell schließen zu wollen. Wir nehmen hier die Gedanken von Kentridge auf, weil uns die Idee einer gemeinsamen Performance im Coaching gefällt. Denn Offenheit im Coachingprozess ist keine Einbahnstraße. In der Realität erleben wir es so, dass sowohl Coach als auch Coachee eine gewisse Gelassenheit im Umgang mit Ergebnisoffenheit brauchen und nicht nur der Coach seine Resonanz einspeist und sie von der Coachee aufgenommen wird, sondern dass es sich um einen co-kreativen Prozess handelt. Sowohl im Aushalten der Angst als auch im schöpferischen Tun sind Coach und Coachee nah beieinander.

Um alle Ebenen des Mensch-Seins (Kopf, Herz und Hand) in der Arbeitsphase zu verlebendigen, sind angeleitete Praxisinszenierungen förderlich. Dabei haben sich für uns zwei Methoden besonders bewährt: eine bildliche Darstellung davon, wie die Klientin sich in der Organisation erlebt, und ein Rollentausch durch Stuhlarbeit. Wir holen mit diesen Übungen auf kreative Weise Mehrperspektivität ins Coaching und ermöglichen den Coachees, Kopf und Herz für andere Positionen zu öffnen. Beide Methoden beschreiben wir im Kapitel »Interventionen« noch ausführlich. In den meisten Fällen kommen wir damit an eine neuralgische Stelle, ein Stocken wird deutlich oder ein bisher verdeckter Zusammenhang. Es wird klar, dass für die Verbesserung der Situation Altes losgelassen werden muss. Das kann verbunden sein mit Freude und Überraschung, aber auch mit Stille, Trauer oder Angst.

Im U-Prozess bewegen wir uns jetzt im Bereich des *Loslassens* und kurz vor dem Wendepunkt oder dem »Nadelöhr«, wie es Otto Scharmer nennt. Gelingt es hier, im Kontakt zu bleiben und sich in diese Situation mit Präsenz einzufühlen, dann kann eine Verbindung zum Ursprung, dem »Quellort« des Tuns hergestellt werden. Scharmer (2014, S. 172) führt für diesen Vorgang das Kunstwort *presensing* ein, gebildet aus *presens* (engl): *präsent sein* und *sensing* (engl.): *spüren*. Wir sehen uns als Helfer, die Schwelle zu erreichen, an ihr zu verweilen, sie zu halten und unsere Coachees dabei zu begleiten, diese Schwelle in ihrem Tempo zu überwinden. Wenn der Mut dafür aufgebracht wird, der Wille geöffnet wird und das Nadelöhr durchschritten werden kann, dann kann der oder die Coachee in der Regel langsam oder spontan neue Handlungsoptionen für sich erkennen oder nach Kentridge »die Ideen aus der Peripherie kommen lassen«.

Diese Ideen können dann verdichtet und in der Praxis erprobt werden. In diesen Phasen kommt der Stille (s. oben) eine besondere Bedeutung zu.

Coachingsitzungen sind selbstverständlich zeitlich begrenzt. Wir arbeiten in der Regel zwischen 60 und 120 Minuten. Gegen Ende der Zeit ist der Abschluss einzuleiten, der Flieger sozusagen wieder gut auf die Landebahn zu bringen. Methodisch schauen wir dazu mit einem Blitzlicht noch einmal auf die eingangs gestellte Frage und lassen die Coachees einschätzen, an welcher Stelle sie sich jetzt befinden und wie die Sitzung für sie war. Durch den Bezug zum Anfang schließt sich die Gestalt der Sitzung.

Die dritte Phase im Coaching: Abschlussphase

Ein Coaching ist für viele Coachee ein durchaus bedeutsames Ereignis. In einer für sie unauflösbaren Situation haben sie sich Unterstützung gesucht. Schreyögg (1998, S. 322) schreibt dazu:

> »Jeder Coaching-Prozess (hat) eine gewisse existentielle Bedeutung für die Klienten, aber auch für den Coach. Denn dieser hat ein gewisses Quantum seiner Lebensenergie und -zeit in den gemeinsamen Prozess investiert, und auch er hat eine Bereicherung seiner beruflichen Horizonte erfahren. Dieser Bedeutung des Coachings ist dann auch bei der Beendigung der gemeinsamen Arbeit Rechnung zu tragen.«

Beim Abschluss des Coachings geht es um eine mehrdimensionale Evaluation des Prozesses. Zunächst evaluieren wir gemeinsam mit unseren Coachees den Prozess. Rückblickend fragen wir nach Veränderungen für die Coachees. Gibt es einen persönlichen Gewinn und wenn ja welchen? Sind die Anliegen geklärt, die Ziele erreicht? Was hat sich außerdem ergeben? Hat sich die zeitliche und, wenn nicht von der Organisation getragen, auch die finanzielle Investition gelohnt? Wenn wir am Anfang des Prozesses einen Dreieckskontrakt geschlossen haben, dann laden wir nach der Evaluation mit unseren Coachees den Auftraggeber zu einem Abschlussgespräch zu dritt ein. Da wir die knappen Zeitressourcen von Führungskräften kennen, bieten wir dieses Gespräch immer öfter auch im Online-Format an. Wir führen diese Abschlussgespräche eher moderierend. Dabei fragen wir gern die Vorgesetzten zuerst, was sie an Veränderung bei den Coachees durch das Coaching wahrgenommen haben. Sind aus ihrer Sicht die Ziele des Coachings erreicht worden? Dann kann der oder die Coachee die selbst wahrgenommenen Veränderungen mitteilen. Erst danach geben wir unsere Einschätzung. Am Ende eines Prozesses drücken wir auch unseren Dank für das entgegengebrachte Vertrauen aus. In manchen Fällen, bei denen wir die Gefahr sehen, dass die Ergebnisse der gemeinsamen Arbeit im Sande verlaufen, bieten wir einen weiteren Evaluationstermin in einigen Monaten an. Dann kann der Stand der Dinge noch einmal überprüft und erarbeitete Handlungsoptionen können bei Bedarf vereinbart werden.

Die Gestaltung des Abschlusses variiert mit der Länge des Prozesses. Für eine einzelne Krisensitzung bleiben am Ende in der Regel ein paar Minuten, um die Frage zu stellen, inwieweit die Sitzung hilfreich war. Für einen längeren Prozess reservieren wir für die Auswertung entsprechend mehr Zeit. Für die Sichtbarmachung bedeutsamer Etappen arbeiten wir gerne kreativ. Dazu bieten sich ein Zeitstrahl mit Bodenankern oder eine Zeichnung des gemeinsamen Weges an. Bei einem Langzeitcoaching geht es auch darum, den persönlichen Abschied würdig zu gestalten. Mit dem Ende des Coachings beenden wir auch unsere Dokumentation.

Natürlich ist uns klar, dass nicht allein durch Öffnung und Resonanz alle arbeitsweltlichen Probleme lösbar sind. Wir erkennen an, dass es für unsere Coachees gute Gründe gibt, sich im Kontext von Arbeit nur bis zu einem gewissen Grad auf eine Öffnung einzulassen. Ein U-Prozess kann jedoch helfen, innere Spannungen und strukturelle Probleme aufzudecken und eigene Handlungsspielräume abzuwägen. In manchen Fällen wird es auch schlicht nur darum gehen, Unmögliches zu akzeptieren und zu betrauern.

Fallbeispiel: Auf der Suche nach dem richtigen Arbeitsplatz

Frau Feld, eine Sozialarbeiterin, kommt zu mir (KTB) in eine erste Coachingsitzung. Wir starten mit ein paar Minuten Stille, um gut anzukommen und dadurch eine Grenze zum Außen zu ziehen. Frau Feld fragt sich, ob ihr Arbeitsplatz noch der richtige ist oder ob sie sich nach einer neuen Arbeitsstelle umsehen sollte. Sie arbeitet seit vielen Jahren in einem Team von Schulsozialarbeiterinnen. Als ich sie genauer nach ihrem Arbeitsplatz befrage, kommt sie für mich überraschend regelrecht ins Schwärmen. Schule ist für sie ein guter Ort. Sie mag die sozialarbeiterische und freizeitpädagogische Arbeit mit den Schülerinnen. Mit den Lehrkräften hat sie über die Jahre gute Kontakte auf-

gebaut, die sich teilweise zu Freundschaften entwickelt haben. Sie fühlt sich vom Kollegium wertgeschätzt. Sie liebt ihre Arbeitszeiten und die freie Zeit während der Schulferien. Es scheint ein perfekter Ort für sie zu sein. Ich fühle mich nach dieser Erläuterung regelrecht energetisiert. Dann wendet sie sich in ihrer Erzählung ihrem eigentlichen Team der Schulsozialarbeiter zu. Sie setzt an den Anfang, dass sich alle bereits lange kennen und sich persönlich mögen. Die Zusammenarbeit beschreibt sie allerdings als zäh und ermüdend. Der Blick ihrer Kolleginnen sei oft problemfokussiert. Sie seien kaum offen für Neuerungen und würden viel klagen. Da Frau Feld selbst Freude an Ausflügen, Projekten und kreativer Arbeit mit den Schülern hat und daraus Energie schöpft, erzählt sie ihren Kolleginnen begeistert davon in der Hoffnung, sie so zu motivieren, es ihr gleich zu tun. Bisher ergebnislos. Bei mir entstehen Bilder von Entertainern, die ich aus dem Fernsehen kenne. Sie erzählt weiter, dass in dem von allen Kolleginnen geteilten Büro Schreibarbeiten verrichtet werden, die hohe Konzentration erfordern und dass hier gleichzeitig auch die Schüler mit Gesprächsbedarf anklopfen. Das wird von allen als kaum vereinbar wahrgenommen. Spannungen entstehen. Versuche, die Arbeitsplätze der einzelnen Schulsozialarbeiterinnen im Schulgebäude räumlich zu verteilen, wurden immer mal wieder angedacht, im Endeffekt aber nie umgesetzt mit der Begründung, dass sonst der Informationsfluss nicht gewährleistet werden könne. Frau Feld fühlt sich im Kontakt mit ihren Kollegen erschöpft und ratlos. Und daher fragt sie sich, ob es besser wäre, einen anderen Arbeitsort zu finden.

Ich frage sie, wie es ihr jetzt nach ihrem Bericht geht. Sie sagt, dass sie zum ersten Mal ihren Ärger über die Kolleginnen spüren konnte. Das fühle sich gut an. Wir befinden uns im U-Prozess beim Hinsehen und Hinspüren. *Ich stelle Frau Feld nach dem Prinzip Antwort mein Bild der Entertainerin zur Verfügung. Damit kann sie etwas anfangen. Sie fühle sich genauso. Und sie ärgert sich über das undankbare Publikum. Als Entertainerin ihrer Kollegen fühlt sie sich dann jedoch bei Licht betrachtet deplatziert. Ich wage, ihr zu sagen, dass ich bei Saturday-Night-Shows in der Regel recht schnell abschalte, weil ich das permanente Ausstrahlen von guter Laune als anstrengend empfinde. Der Effekt dieser Aussage ist deutlich spürbar. Ihr wird klar, dass sie mit ihren positiv gemeinten Motivationsversuchen die anderen Kolleginnen möglicherweise nicht ansteckt, sondern eher nervt. Frau Feld gelingt an dieser Stelle ein Perspektivwechsel, indem sie sich in die Lage der Kollegen versetzt. Sie erkennt bei ihnen andere Prioritäten und Haltungen in der Arbeit. Es wächst die Vermutung bei ihr, dass sich ihre Kolleginnen immer mehr zurückziehen, je stärker sie versucht, sie mit ihren überschwänglichen Motivationsversuchen zu begeistern. Wir forschen weiter. Ich frage sie, was es mit der nicht umgesetzten Idee der räumlichen Trennung der Arbeitsplätze auf sich haben könnte. Zunächst rechtfertigt Frau Feld das Nichtumsetzen in alter Gewohnheit mit der Befürchtung, Informationen zwischen den Kollegen könnten dann verloren gehen. Ich bitte sie innezuhalten und dem Gefühl der Befürchtung weiter nachzugehen und zu sehen, ob sich noch anderes einstellt. Nach einer Weile sagt sie: »Ich glaube, ich habe Angst, den Anschluss ans Team zu verlieren, wenn ich in einem anderen Raum arbeite. Ich befürchte, dann eine Außenseiterin zu werden. Und möglicherweise geht es den anderen ebenso.« Dieser Moment ist jetzt eher still. Wir befinden uns in die Phase* des Loslassens und presensing. *Die Konfrontation mit der »triadischen Grundangst« (Pühl, 1998, 2022), die Angst vor dem Ausschluss aus der Gruppe, bewegt die Coachee spürbar. Sie scheint nun vor dem* Nadelöhr *zu stehen. Es liegt in der Luft, dass es so wie vorher für sie und möglicherweise auch für das Team nicht weitergehen kann. Alte Verhaltensweisen müssen abgelegt werden, wenn sich Veränderung einstellen soll. Ich warte ab, schweige und sehe, ob sie ohne weitere Unterstützung durch das Nadelöhr schreiten kann. Nach einem Moment findet die Coachee wieder in ihre Kraft. Scheinbar spürt sie jetzt, dass es an dem Ort Schule, an dem sie so gern ist, doch eine Perspektive zum Bleiben gibt. »Ich muss aufhören, dafür sorgen zu wollen, dass alle motiviert bei der Arbeit sind. Und ich muss wohl auch endlich Abschied von meiner Vorstellung nehmen, dass ich in einem Team arbeiten werde, wo alle diesen Arbeitsort so mögen wie ich selbst.« Das Nadelöhr ist in diesem Moment durchschritten. Ich frage sie, wie es ihr mit dieser Erkenntnis geht. Sie gesteht sich Ernüchterung ein und benennt dann allerdings auch Vorteile: »Jetzt muss ich nicht mehr die Entertainerin sein. Das ist ehrlich gesagt auch verdammt anstrengend.« Der Abschied von der Vorstellung, dass ein gutes Team nur eines ist, bei dem alle hochmotiviert ihre Arbeit verrichten, hilft ihr, Neues zu denken. Jetzt kann sie neue Ideen* kommen lassen. *Nach kurzer Bedenkzeit stellt sie fest: »Ich möchte es wagen, einen anderen Arbeitsplatz für mich einzurichten.« Ihre Idee kann sich* verdichten. *Sie entscheidet sich, in der folgenden Teamsitzung den Vorschlag zu unterbreiten, dass sie zunächst probeweise für acht Wochen ihren Arbeitsplatz in eine andere Etage verlegen wird. Zu den gemeinsamen Teamsitzungen wäre sie selbstverständlich anwesend und ihren Kaffee würde sie ebenfalls nach wie vor im gemeinsamen Raum kochen und sich Zeit für kurzen Informationsaustausch nehmen. In Bezug auf ihre zu Beginn formulierte Frage resümiert sie: »Ich bin sehr froh, dass ich keinen neuen Arbeitsplatz suchen muss. Diese Schule ist ein guter Ort für mich. Ich werde allerdings meine Position im Team neu gestalten müssen. Und werde daran arbeiten, mein Team mit all den Differenzen, die uns ausmachen, gelassener anzunehmen.«*

Wenn wir nachfolgend noch ein weiteres Beispiel zum Ablauf nach dem Modell *Theorie-U* bringen, ist das nicht als Hinweis zu werten, dass alle einzelnen Coachingsitzungen oder eine Sequenz von Sitzungen so idealtypisch ablaufen. Bei den Beispielen handelt es sich eher um Best-Practice-Fälle, die jedoch eine generelle Richtung skizzieren.

Fallbeispiel: Coachee stellt die Sinnfrage

Frau Rahn habe ich (HP) vor über zehn Jahren kennengelernt. Damals kam sie ins Coaching, um ihre Rolle als junge Sozialpädagogin in einem Projekt zu klären, das ziemlich diffuse Strukturen hatte. In der Folgezeit kam sie in unregelmäßigen Abständen, Themen des Coachings waren dann ihre Selbstständigkeit als Trainerin und die Kooperation mit Kollegen. Seit einigen Monaten bekleidet sie eine Hochschullehrerinnenstelle neben ihrer Selbstständigkeit.

In die letzte Sitzung nach einer Pause von zwei Monaten kam sie, nachdem wir wie üblich erstmal drei Minuten in Stille gesessen hatten, mit der Eingangsfrage: »Wer bin ich und wer will ich sein, lebe ich das richtige Leben?« Von der Größe des Themas war ich erstmal regelrecht erschlagen und musste tief durchatmen. Ich ließ die Frage noch etwas wirken und erwiderte: »Frau Rahn, ich muss Ihnen ehrlich gestehen, dass ich zu Ihrem Anliegen noch keinen Zugang finde.« Daraufhin schwieg auch sie einige Augenblicke, die einem in solchen Momenten leicht wie Minuten vorkommen können. An dieser Stelle befinden wir uns in der ersten Phase Innehalten und Öffnen des Denkens.

Ihr fiel dann ihre Jugendgruppe ein, in der sie sich besonders wohl gefühlt hatte. Hier kamen Menschen mit sehr verschiedenen Hintergründen und Einstellungen zusammen, die Atmosphäre war aber immer von Akzeptanz und Offenheit geprägt. Sie fühlte sich einfach als Teil des Ganzen, konnte so sein, wie sie wollte. Aufgewachsen als Einzelkind, hatte sie zwar auch intensive Kontakte zu Verwandten, die in der Nähe wohnten, in der Gruppe war es aber »dichter und wärmer«. Das ist die Phase Hinsehen.

Dann berichtete sie von ihrer Jetzt-Situation, die beruflich sehr ausfüllend und nährend ist. Aber sie merkt, dass sie am liebsten ihre Wohnung verlässt und in ein Café zum Arbeiten geht. Sie wohnt mit ihrem Mann und ihrem jugendlichen Sohn zusammen, der zunehmend auf dem Absprung ist. Auch ihr gutes und breites Netzwerk kann ihr nicht das Gefühl von Geborgenheit vermitteln, das sie in ihrer Jugendgruppe erlebt hat. Sie wird traurig und beginnt zu weinen. Wir sind bei Hinspüren und Öffnung des Fühlens.

Ich ermutige sie, die Gefühle zuzulassen. Sie kann meine Deutung annehmen, dass es sich hierbei um einen Trauer- und Abschiedsprozess handeln könnte. Wir kommen dabei auch auf ihren Sohn zu sprechen, der sich zunehmend verselbstständigt. Dann ist sie mit ihrem Mann, den sie sehr schätzt und liebt, allein. Und ihr Netzwerk kann den Halt nicht vermitteln. Wir sind beim Loslassen.

Abschiednehmen ist immer ein trauriger Prozess, der – wenn zugelassen – auch neue Türen öffnen kann. Sie hat die Sitzung »sehr aufgeräumt« verlassen und war zuversichtlich, dass sie jetzt offen für Neues sein kann. Das ist die Phase *Öffnung des Willens*. Wie Scharmer sagt, kann an diesem »Quellort« (Scharmer, 2014, S.172) in Präsenz Neues und Unbekanntes kommen, Zukunft eben.

Der Coachingprozess als Sisyphusarbeit

Die 30-minütige Filminstallation *The Rehearsal* des Künstlers Francis Alÿs erinnert an die Arbeit im Coaching. Francis Alÿs lebt seit den 1980er Jahren in Mexiko. Im Zentrum seiner Arbeit steht die Magie des permanenten Erprobens. Im besagten Video lässt er die Zuschauer daran teilhaben, wie ein roter VW Käfer im Norden Mexikos am Rande einer Siedlung an der Grenze zu den USA immer wieder vergeblich versucht, einen Hügel zu erklimmen. Im Hintergrund probt eine Blaskapelle. Spielen die Musiker, dann fährt der Käfer den Hügel hinauf, verspielen sie sich oder stimmen sie ihre Instrumente, dann rollt das Auto den Hügel hinab. So entsteht eine permanente Pendelbewegung des Auf und Ab mit unterschiedlicher Ausschlagamplitude. Sie erinnert an die Arbeit des Sisyphos, denn die Spitze des Hügels erreicht der rote Käfer nie. Diese Szene ist mit dem Coaching vergleichbar, weil sie der Bewegung im U-Prozess ähnelt, in dem es ebenfalls um ein permanentes Ausprobieren, Spielen, sich immer wieder einlassen, verwerfen, neu suchen und finden geht. Auch die Ausschlagamplitude ist in jeder unserer Coachingsitzungen immer wieder anders. Manche Sitzungen erscheinen leicht und hilfreich, manche eher anstrengend und schwerfällig. Manche Prozesse scheitern, selbst nach vielen Jahren Praxis. Bemerkenswerterweise nimmt man in der Kunst, anders als im Beratungsgeschäft, Klippen und das Scheitern eher mit Leichtigkeit und Wertschätzung auf. »Etwas Neues, Anderes kann nur entstehen, wenn die erhöhte Gefahr des Scheiterns in Kauf genommen wird. Davon lebt die kreative Szene«, so schreibt die Kuratorin der Hamburger Kunsthalle Birgitt Kölle, die dem Scheitern 2013 eine eigene Ausstellung mit dem Titel *Besser scheitern* widmete (Kölle, 2013, S. 8). Kunst lebt von der Berührung mit Unvorhersehbarem. Der Gedanke des Nicht-Vorhersehbaren leitete mich (KTB) in die Zeit der Anfänge meiner Coachingarbeit. Das ist nun über 20 Jahre her. Ich mietete damals den Raum einer mir bekannten Therapeutin für meine Sitzungen und erinnere mich an meine akribischen Vorbereitungen. Ich hatte einen kleinen Koffer dabei, den ich sorgfältig mit Material gefüllt hatte, um es einzusetzen. Einen Plan zu haben und mit dem richtigen Material ausgestattet zu sein, schien mir Sicherheit zu geben und meine Angst zu binden. Allerdings machte ich auch die Erfahrung, dass es wie im Leben auch im Coaching immer anders kommt, als man denkt. Bis mir klar wurde, dass ich selbst mit meiner Wahrnehmung mein bestes Instrument bin und dass das Gelingen von Prozessen nicht steuerbar ist, mussten noch einige Koffer vergeblich gepackt werden. Die immer wieder neuen, mehr oder weniger erfolgreichen Versuche scheinen der guten Stimmung in Alÿs' VW-Sisyphos-Filmszene keinen Abbruch zu tun. Trotz der Absurdität des permanenten Wiederholens scheinen dem VW-Käfer-Fahrer sowie den Musikern weder Gelassenheit noch spielerische Freude oder Zuversicht abhandenzukommen. Es entsteht der Eindruck, als gehe es hier eher um das Annehmen und um den Genuss des momentanen Tuns. Ein in der Szene beiläufig durch das Bild streunender Hund und ein Junge, der schlendernd eine Plastikflasche kickt, relativieren darüber hinaus die Wichtigkeit des fokussierten Geschehens. All das verstärkt ein Gefühl, mitten im Leben, sprich im Coaching mit seinen Aufs und Abs und seiner auch begrenzten Bedeutsamkeit zu stehen. Wir sehen Coaching daher als eine Art Sisyphusarbeit.

Das Motto der Hamburger Kunstaustellung von Samuel Beckett könnte uns Coaches also gut dienen: »Immer versucht. Immer gescheitert. Einerlei. Wieder versuchen. Wieder scheitern. Besser scheitern.« Dieser Blick aufs Coaching befreit uns von der Last, im Laufe unseres Wirkens doch irgendwann perfekt werden zu müssen. Sie entbindet uns von dem Versprechen permanenter Exzellenz und lässt uns das Streben nach immerwährendem Erfolg loslassen. Im Coaching liegen für uns die Freude am Tun, Versuch, Irrtum, Erfolg, Scheitern und Demut nahe beieinander.

Schöne neue Arbeitswelt

Die Bedeutung von Arbeit im Wandel der Zeit

Im Coaching sind wir oft mit Arbeitsideologien unserer Coachees konfrontiert, die scheinbar unwiderruflich gelten. In unserer westlichen Gesellschaft nimmt der Arbeitsbezug einen hohen Rang ein. Der Lebensphilosoph und Amateurfeldforscher Alan de Botton (2012, S. 110) beschreibt das sehr zutreffend so:

> »Das bemerkenswerteste Merkmal der modernen Arbeitswelt ist letztlich doch eine eher innere Qualität, ein Aspekt unserer Wesensart, nämlich die weitverbreitete Überzeugung, dass Arbeit glücklich machen soll. Die Arbeit steht im Zentrum aller Gesellschaften; unsere aber ist die erste, die suggeriert, Arbeit könnte mehr als nur eine Strafe sein. Unsere Gesellschaft ist die erste, die uns zu verstehen gibt, dass wir selbst dann arbeiten sollten, wenn dazu keine finanzielle Notwendigkeit besteht. Die moderne Identität wird in einem solchen Maße von der Wahl unserer Berufstätigkeit bestimmt, dass die dringlichste Frage, die wir neuen Bekannten stellen, nicht von ihnen wissen will, woher sie kommen oder wer ihre Eltern sind, sondern, was sie tun, da wir davon ausgehen, dass der Weg zu einer bedeutungsvollen Existenz durch das Tor der lukrativen Beschäftigung zu führen hat.«

Geschichtlicher Streifzug

Arbeit war aber nicht schon immer der bedeutendste Bezugsrahmen für unser Leben. Aristoteles etwa verstand im vierten Jahrhundert v. Chr. Zufriedenheit und bezahlte Arbeit als miteinander unvereinbar. Das frühe Christentum sieht die Mühsal der Arbeit als Buße. Erst in der Aufklärung, die mit dem Aufschwung des Bürgertums verbunden ist, ändert sich diese Auffassung. Diderot und d'Alembert stimmen in ihrer Encyclopédie einen ersten »Lobgesang auf den Adel der Arbeit« (ebd., S. 111) an. Hier wird »das Geschick und die Freude [...], mit denen Brot gebacken wurde, Spargel gepflanzt, eine Windmühle betrieben, ein Anker geschmiedet, ein Buch gedruckt oder eine Silbermine betrieben wurde« geradezu gefeiert (ebd.).

Der Kult um die Arbeit, der uns noch heute in seinem Bann hält, hängt also eng zusammen mit dem Entstehen der bürgerlichen Gesellschaft. Das verstärkt sich weiter mit der Industrialisierung im 19. Jahrhundert. Enorme Selbstdisziplinierung gehörte von Anfang an dazu; Werte wie Sparsamkeit, Sauberkeit und Enthaltsamkeit und die Achtung vor den Arbeitssamen dienen dem Bürgertum dazu, sich von der Aristokratie abzusetzen und eine eigene soziale Identität zu entwickeln. Der Sozialwissenschaftler Götz Eisenberg (1990, S. 103) schreibt dazu: »Der Bürger beschneidet seine Bedürfnisse und unterwirft sich der ›Innerweltlichen Askese‹ (Weber), weil die Konkurrenz ihn bei Strafe des Untergangs zwingt, zu investieren und die Gewinne nicht unproduktiv zu verschwenden.«

Das hatte Auswirkungen auf alle Bereiche der Arbeit. In den Produktionsanlagen der neuen Fabrikbesitzer herrschte ein strenges Zeitregime. Menschen wurden gebraucht, die sich dieser neuen Arbeitsdisziplin unterwarfen. Mit der ersten Arbeitergeneration hatten es die Frühkapitalisten allerdings schwer. Eisenberg zitiert Foucault:

> »Denn das Leben und die Zeit des Menschen sind nicht von Natur aus Arbeit, sie sind Lust, Unstetigkeit, Fest, Ruhe, Bedürfnisse, Zufälle, Begierde, Gewalttätigkeiten, Räubereien etc. Und diese ganze explosive, augenblickhafte und diskontinuierliche Energie muss das Kapital in kontinuierliche und fortlaufende auf dem Markt angebotene Arbeitskraft transformieren« (ebd., S. 103).

Der vorindustrielle Mensch kannte zudem noch die Kategorie des »Genug«. Er war es gewohnt, seine Zeit nach den zu erledigenden Aufgaben einzuteilen. Für ihn gab es Zeiten mühevollen Arbeitens, jedoch auch des Müßiggangs. Diese Arbeiter blieben den Fabriken einfach fern; sobald sie ausreichend verdient hatten, kündigten sie oder verbrachten den Rest des Monats lieber mit Annehmlichkeiten. Man versuchte sie durch höheren Lohn bei der Stange zu halten. Erfolglos. Also senkte man die Löhne auf ein Minimum mit dem Ergebnis, dass die pure Not die Menschen beständig in die Fabriken trieb. Zusätzlich wurde die Arbeit über alle Maßen vertaktet und jeglicher Regelverstoß mit Geldabzug bestraft. Benjamin Franklins bekannter Ausspruch »Remember that time is money«, bringt die neue Ausrichtung auf den Punkt. Allerdings wollten und konnten sich die Fabrikherren von damals nicht auf den äußeren Zwang allein verlassen. Die Selbstdisziplin, die sich das Bürgertum auferlegte, sollte auch den Arbeitenden in Fleisch und Blut übergehen. Die Einführung von Kinderarbeit wurde von Schulunterricht begleitet, in dem die erwünschte Arbeitshaltung vermittelt wurde. So setzen sich bürgerliche Tugenden allmählich auch in der Arbeiterschaft durch. »Die Funktionsimperative der kapitalistischen Produktion und der ökonomischen Vernunft sind als eine Art trojanisches Pferd in Menschen eingedrungen und haben den Status von Quasi-Instinkten und bedingten Reflexen angenommen« (ebd., S. 107). Die einst widerständigen Arbeiter schienen nun mit ihrem verinnerlichten Arbeitsethos mit der Bourgeoisie gleichzuziehen. Die Fließbandarbeiter sollten, Maschinen gleich, wie die Zahnrädchen im Getriebe funktionieren, und nun brachten sie die entsprechende innere Haltung dafür mit. Müßiggang wurde von nun an gesamtgesellschaftlich verachtet. Im Laufe der Zeit wurde durchaus erfolgreich gegen unwürdige Arbeitsbedingungen gekämpft. Und der Kapitalismus brachte mit seiner Innovationskraft auch Wohlstand für die Menschen in den Industrieländern. Für die Arbeiterschaft in Westdeutschland waren am Ende des 20. Jahrhunderts feste Arbeitszeiten, relative Arbeitsplatzsicherheit und in der Regel auch ein hinreichendes Einkommen Standard. Das gleiche galt auch für die Arbeiterschaft in der ehemaligen DDR. Nicht selten arbeiteten Menschen von der Lehre bis zur Rente im selben Betrieb. Die Märkte schienen planbar, träge und im Westen allmählich gesättigt.

Das kapitalistische System kann sich nur dynamisch stabilisieren, wenn es beständig expandiert, immer schneller und innovativer wird. Die Entwicklung des Internets Ende des 20. Jahrhunderts befeuerte diese Dynamik erheblich und veränderte damit das Wirtschaften und das Leben weltweit. Digitalisierung und Globalisierung sind die Stichworte dazu. Der Soziologe Hartmut Rosa beschreibt diese Dynamik so: »Systemerhalt durch unbarmherzige Steigerung ist das stahlharte Gehäuse unserer Gegenwart« (Rosa, 2019, S. 4).

Der entfesselte Kapitalismus

Der Fall der Mauer, mit dem der Untergang des sozialistischen Systems als gesellschaftliches Alternativmodell verbunden war, trug seinen Teil dazu bei, dass der Markt durch politische Entscheidungen neoliberaler Prägung nun weltweit durch Deregulierung entfesselt wurde. Im Namen der Effizienz kam es in allen Wirtschaftszweigen zu massiven Kürzungen und zu Privatisierungen im Gesundheitswesen, im Bildungs- und Pflegebereich, im Energiesektor und im Wohnungswesen – mit den bekannten Auswirkungen. Die stabilen Arbeitsverhältnisse lösten sich weitgehend auf. Arbeit wurde für viele prekär. Die Ich-AG war wohl eines der markantesten Konzepte in Deutschland, mit der die Werktätigen nun zu »Arbeitskraftunternehmern« (Haubl & Voß, 2011) mutieren sollten. Auch hier waren die Volksparteien mit ihrer Vorstellung von »New Labour« in England oder der »Agenda 2010« in Deutschland federführend.

Diese Dynamik der Märkte führte zu einer bisher unbekannten Unsicherheit in den Unternehmen, »auch mit hochwertigen Produkten nicht mehr zuverlässig genug Rendite erwirtschaften zu können, sobald ein Wettbewerber um die Ecke kommt, dessen Produkt die individuellen Kundenbedürfnisse für eine gewisse Zeit besser befriedigt« (Erlinghagen & Witzel, 2019, S. 5). Denn individualisierte Produkte statt Standard waren nun gefragt. »Erfolg [wird nun –] nach dem Prinzip MyMüsli – ein Massenprodukt, aber speziell für mich gemischt und verpackt. Es reicht nicht mehr der ›normale‹ produktgebundene Service, sondern eine neue individualisierte, noch freundlichere, zuvorkommende Beziehungsarbeit mit jedem Kunden ist unerlässlich« (ebd., S. 5). Diese Schnelligkeit und Nähe zum Kunden war in den alten hierarchischen Pyramidenstrukturen allerdings nicht zu erreichen. Projektarbeit soll helfen, die hierarchischen Strukturen aufzuweichen beziehungsweise zu ersetzen.

Agil – der neue Fetisch

Erste agile Organisationen, mit Selbstorganisation als oberstem Prinzip, entstanden aus Anpassungsnotwendigkeit. Aber es brauchte nicht nur neue Organisationsstrukturen. Vonnöten war vor allem auch wieder eine neue innere Haltung, die des flexiblen, allzeit bereiten und engagierten Mitarbeiters.

Im Gegenzug boten die Unternehmen Selbstverwirklichung und Freude bei der Arbeit an. In dem Dokumentarfilm *WORK HARD – PLAY HARD* von Carmen Losmann (2011) zitieren die Architekten aus der Auslobung für die neue Unilever Firmenzentrale in der Hafencity von

Hamburg: »Das neue Gebäude soll ein architektonisches Highlight für die Marke Unilever setzen. Lichtdurchflutete transparente Büros sollen nicht durch Luxus, sondern durch eine vitalisierende und funktionale Anmutung, Farbe, Materialien, Natur, Erlebniswelten, Spaß am Arbeiten vermitteln.« Die Architekten sind angehalten, mit dem Gebäude eine Gefühlswelt zu generieren. »Es sollte auf keinen Fall ein Ort sein, in dem ich erinnert werde zu arbeiten.« Vosswinkel schreibt:

> »Die indirekte Steuerung kennzeichnet eine tendenziell paradoxe Verbindung von Freiheit und Zwang. [...] Die Beschäftigten sind einer Situation ausgesetzt, die einem Double Bind ähnelt: Seid selbstständig, aber so, dass ihr unsere Erwartungen oder die Bewertung durch den Markt erfüllt!« (Vosswinkel, 2019, S. 171)

Die Entfaltungsversprechen der agilen Organisation an die Mitarbeitenden treffen auf einen entsprechenden Zeitgeist. Im Duden (2022) liest man zu agil: »von großer Beweglichkeit zeugend; regsam und wendig«. Wer möchte heute nicht beweglich und dynamisch sein? Der Sozialwissenschaftler Sebastian Friedrich zitiert im *Lexikon der Leistungsgesellschaft* Boltanski und Chiapello, die

> »im Kapitalismus eine perfide Maschine [sehen], die unsere Kritik am entfremdeten Leben in der industrialisierten Moderne aufnahm und uns mit einem Judo-Griff wieder auf die Matte kapitalistischer Vergesellschaftung warf. Die Ansprüche [...] nach Authentizität, Flexibilität, Autonomie, Selbstverwirklichung, Ganzheitlichkeit wurde zu einer Ressource der Erneuerung des Kapitalismus« (Friedrich, 2016, S. 11).

Die innere Agilität kann somit auch als »zeitgemäße nächste Stufe der Internalisierung von ehemals äußeren Abhängigkeitsverhältnissen gesehen werden« (Erlinghagen & Witzel, 2019, S. 5). Oder, wie Marx sagen würde, vollzieht sich dieser Prozess hinter dem Rücken der Produzenten. Ganz unmerklich wird das Äußere zum Inneren.

In den nach Agilität strebenden Organisationen kommt »im Endergebnis so oder so für den MIT-Arbeiter immer ein MEHR an Leistungsumfang, Verantwortungsumfang, Mithaftung, Kreativitätsinput etc. heraus« (ebd., S. 5). Zunehmend sind alle in der Verantwortung für das Wohlergehen der Organisation, nicht nur die Leitungskräfte und Geschäftsführer.

Die Kosten-Nutzen-Rechnung gerät für die meisten Mitarbeitenden dabei in eine Schieflage. »Nun sitzen alle in einem Schicksalsboot, ohne dass sich an den Beteiligungsmöglichkeiten am unternehmerischen Profit und den sich daraus ergebenden Verantwortungsstrukturen etwas geändert hätte« (ebd., S. 5). Und zu fragen wäre natürlich, wo all jene ihren Platz in der arbeitenden Gemeinschaft finden können, die sich nicht mit Haut und Haar der Firma verschreiben wollen.

Nun ist es allerdings bei Weitem nicht so, dass sich agiles Arbeiten in der Fläche durchgesetzt hat. Die persönlichen und strukturellen Anforderungen sind herausfordernd, Leitungsmacht muss durch orientierenden Sinn ersetzt werden und für Abstimmungen ist ein aufwändiges Regelwerk erforderlich. Wir erleben immer wieder, dass Organisationen ihre Versuche in diese Richtung wieder aufgeben und zu hierarchischen Strukturen mit »menschlichem Antlitz« zurückkehren. Der Zwang zur »Arbeit als Subjektivierendes Handeln« (Böhle, 2017) bleibt allerdings bestehen. Die »Ambivalenzen und Paradoxien der subjektivierten Arbeit« (Tietel, 2009) sind von den Arbeitnehmern und Arbeitnehmerinnen zu bewältigen. »Ein Effekt der Subjektivierung und des damit einhergehenden massiven Ansteigens der Eigenverantwortung der Beschäftigten besteht darin, dass die subjektiv erfahrenen Widersprüche, Konflikte und Ambivalenzen wiederum subjektiviert werden. Der Widerspruch wird internalisiert« (Tietel, 2009, S. 23; vgl. Obermeyer & Pühl, 2015, S. 48f.). An die Oberfläche drängen sie dennoch mit großer Kraft und zeigen sich in den stark zunehmenden psychischen und psychosomatischen Erkrankungen. Hier offenbart sich die Not eines selbststeuernden, bindungslosen Ich mit seinem Grundbedürfnis nach Anerkennung und Zugehörigkeit. Das ist zum Teil der Stoff, aus dem der Wunsch nach einem Coaching erwächst.

Entfremdung

Zu uns kommen Menschen, die den Bezug zu dem, was ihnen wichtig ist, verlieren, die erschöpft, erkrankt sind und zweifeln. Coaching kann ein Anker sein, um für sich neue Wege zu finden. Die Gefahr eines Burn-outs ist ein uns bekanntes Thema.

Warum es so schwer ist, aus dem Hamsterrad auszusteigen, erklärt der Soziologe Hartmut Rosa mit der »Angst, die in der Logik des sozialen Verdrängungswettbewerbs steckt und die uns zwingt, uns immerzu selbst zu optimieren« (Rosa, 2019, S. 4). Anders als im Falle der relativ gesicherten Nachkriegs-Generation, für die Wachstum immer höheren Wohlstand bedeutete, liegt heute, in Zeiten sich rasch verändernder Kompetenzanforderungen, die Gefahr des Abstiegs zu jeder Zeit in der Luft. »Wir stehen auf der Rolltreppe nach unten. Wenn wir nicht nach oben rennen, rutschen wir ab« (ebd.). Der Psychoanalytiker Crepaldi (2019, S. 4) dazu:

> »Keine Arbeit zu haben gilt heute wohl als eines der größten und gefürchtetsten Übel. […] Arbeitslosigkeit [wird] als psychisches Trauma diskutiert und vor dem Hintergrund der Verabsolutierung von Arbeit scheint es nicht absurd, sondern stimmig, dass man auf diesen Gedanken kommt.«

Zur Angst vor dem Abstieg gesellt sich zugleich ein »Drang zur Vergrößerung unserer Weltreichweite« (Rosa, 2019, S. 4). Wir wollen immer mehr von der Welt für uns verfügbar machen.

> »Mit verfügbar meine ich, es unter Kontrolle zu bringen, indem wir uns Wissen erwerben, indem wir unsere ökonomische Potenz steigern und unsere technischen Möglichkeiten. Das ist der Grund dafür, warum Geld für moderne Menschen so ungeheuer attraktiv ist. Ist er [der Kontostand] hoch, haben wir ein großes Vermögen: Wir vermögen es, wenn wir wollen, zum Shoppen nach Tokio, Rio oder New York zu jetten. […] Wir können uns eine teure Wohnung leisten, eine Kreuzfahrt, ein Helikopterskiing oder eine Ayurvedakur in Indien usw. Ist unser Konto leer, liegt schon Berlin außerhalb unserer Reichweite und die halbwegs anständige Wohnung auch und Sekt und Kaviar sowieso« (ebd., S. 4).

Der Publizist Sebastian Friedrich (2016, S. 11) schreibt dazu: »Die Fesseln der Leistungsgesellschaft sind bunt und individuell, sie sind gesund, setzen auf unseren Spieltrieb und machen uns zu fröhlichen Kollaborateuren.« Es bleibt abzuwarten, wie sich das Konsumverhalten und der Drang zur Vergrößerung der Weltreichweite nach den Restriktionserfahrungen verändert, wie sie im Zuge der Maßnahmen gegen das Coronavirus und im Umfeld der Sorge um das Klima weltweit zu machen sind.

Von Karl Marx stammt der Begriff der Entfremdung. Er maß der Arbeit generell einen hohen Stellenwert zu, weil sich der Einzelne in ihr vergegenständlicht, das heißt, Arbeit als sinnstiftend und als Teil seiner selbst erlebt. Ein Credo, das wir von Selbstständigen und Freischaffenden oft hören.

Ihnen macht es oft auch nichts aus, viel zu arbeiten – sie scheinen trotzdem zufrieden und gesund. Den Wesenszug der Entfremdung sahen Marx und Engels in der Tatsache, dass dem Arbeiter im Kapitalismus sowohl die Produktionsmittel als auch das Produkt seiner eigenen Arbeit als fremde, unabhängige Mächte gegenüberstehen. So erklärt sich, dass dem Arbeitenden die Arbeit selbst etwas Äußerliches bleibt, weil er sich »in seiner Arbeit nicht bejaht, sondern verneint, nicht wohl, sondern unglücklich fühlt, keine freie physische und geistige Energie entwickelt und seinen Geist ruiniert« (Marx, 1844, S. 514). Für uns ist diese Feststellung relevant, da der Arbeitende auch von seinen Mitmenschen entfremdet ist, sich mit ihnen quasi in einem Zwangskontext befindet, in dem sich die Akteure gegenseitig instrumentalisieren. In Teamkontexten trösten wir häufig mit dem Satz »Sie müssen sich ja nicht lieben, sondern nur zusammenarbeiten.« Damit bringen wir, vielleicht ohne es zu wollen, das Entfremdungsmoment auf den Punkt. Denn »lieben« bedeutet ja nichts anders als echtes Interesse am Anderen zu haben und sich als soziales Wesen zu verwirklichen.

Was bedeutet das für Coaches?

Wir scheinen also in einem Teufelskreis gefangen zu sein. Unser Wirtschaftssystem diktiert permanentes Wachstum, als Kunden forcieren wir diese Dynamik durch unseren Drang, immer mehr zu besitzen, immer mehr zu unternehmen, und als Arbeitende erschöpfen wir uns. Im Buch *Speed – Auf der Suche nach der verlorenen Zeit* von Florian Opitz (2012) drückt Rosa sein Befremden über die scheinbare Alternativlosigkeit einer solchen Form unseres Zusammenlebens aus:

> »Es ist mir völlig schleierhaft, woher das kommt, dass wir denken, es könnte nicht anders sein. Es gab in der Geschichte der Welt, in der Geschichte der Menschheit unendlich viele Variationen an kulturellen Möglichkeiten, an Ideen Gesellschaft zu gestalten […]. Woher kommt es, dass wir so fantasielos, auch so utopielos geworden sind? Und woher könnten Alternativen kommen?« (ebd., S 222)

Es gibt sie bereits, die anderen Modelle. *Die Gemeinwohlökonomie* (Felber, 2010), *Das zweite konvivialistische Manifest* (Die konvivialistische Internationale, 2020), *Die Ökonomie des Alltagslebens* (Fundational Economy Collective, 2019) oder die Bewegung economists4future (2020), in denen es um einen echten Ausgleich der Interessen und vor allem ein Wirtschaften ohne profitgetriebene Ausbeutung unseres Planeten geht. Sie finden weltweit immer breiteren Anklang. Die Politökonomin Maja Göpel erreichte 2020 mit ihrem Sachbuch-Bestseller *Unsere Welt neu denken*, in dem sie den Ausstieg aus der heutigen Förderband- zur Zirkelmentalität einfordert, ein breites Publikum. Auch wenn all diese Ansätze bis heute eher selten Gehör in den Hörsälen der Wirtschaftsökonominnen finden, so sind sie zumindest ein Anfang und Grund für etwas Zuversicht.

Es scheint uns unumgänglich, solche gesellschaftlichen Kontexte mitzudenken, wenn uns unsere Coachees von ihren scheinbar alternativlosen Arbeitssituationen erzählen. Nur so können wir der Gefahr einer Individualisierung der Problemlage entgehen. Als Coaches geraten wir dabei allerdings in ein Dilemma. Einerseits wird von uns häufig erwartet, die Selbstoptimierung unserer Coachees zu unterstützen. Andererseits sehen wir die gesellschaftliche Entwicklung kritisch. Und wir selbst sind in der Dynamik der Leistungsgesellschaft mit all ihren Ambivalenzen gefangen. Wir können als Coaches nicht so tun, als stünden wir am Rande des Geschehens und sähen von dort aus mit diagnostischem Blick auf die Involviertheit unserer Coachees. Auch Coaches arbeiten oftmals bis zur Erschöpfung und trumpfen gleichzeitig mit Besitztümern, schicken Autos und Urlaubstagen in der weiten Welt auf oder erfreuen sich am guten Einkommen. Wir sind durchaus Profiteure des immer größer werdenden Coachingbedarfs. Auch wir halten damit ein System am Laufen, das wir gleichzeitig mit kritischem Auge betrachten. So gesehen sind wir Nutznießerinnen der Not und damit spüren auch wir den »Widerspruch im Subjekt« (Parin, 1978).

Ein diesbezüglich differenzierter Blick auf die Auswirkungen unseres Beratungs-Settings könnte sich ebenfalls lohnen. Selbstverständlich ist die Herstellung eines ausreichend guten Arbeitsbündnisses Voraussetzung für unsere Beratung. Gleichzeitig stimmen wir mit der Auffassung des Psychoanalytikers Crepaldi überein, dass schon allein die Rede vom »Arbeitsbündnis« einem Appell sowohl an die Klienten als auch an die Coaches gleichkommt, in der Beratung zu *arbeiten*. »Die Betonung eines rationalen ›Arbeitsbündnisses‹ läuft letztendlich auf die Aufforderung hinaus: ›Nimm dich zusammen!‹« (Crepaldi, 2019, S. 98) Für uns ist es jedenfalls nicht leicht, das Gebot der Leistung abzustreifen. Und trotzdem sind wir zuversichtlich, dass es uns mit der Kenntnis unserer eigenen Ambivalenzen gelingen kann, gemeinsam mit unseren Klientinnen ein Verständnis für gesellschaftliche und organisationale Abhängigkeiten und Zwänge zu erarbeiten und gleichzeitig mögliche Spielräume zu erkunden. Wir können durchaus engagiert mit unseren Klienten an ihren beruflichen Zielen, Wünschen und Bedürfnissen arbeiten und dabei die Distanzierung vom Leistungsanspruch als Spielball in der Luft halten.

Crepaldi (ebd., S. 92) spricht in diesem Zusammenhang von einer gewissen »inneren Arbeitslosigkeit«, die es zu entdecken gebe und »die genauso zum Kern von Subjektivität gehört, wie deren werktätige Seite.« Damit ist der Teil in uns gemeint, den wir »in regelmäßigen Abständen, vornehmlich immer dann, wenn diese uns anspricht, angeht oder bedrängt, massiv verdrängen müssen, um unsere Funktionalität nicht zu verlieren« (ebd., S. 98). Der Philosoph Peter Sloterdijk spricht in *Stress und Freiheit* von einem »Zustand erlesener Unbrauchbarkeit«, den es immer wieder zu entdecken gilt. Entstehen könne ein gewisses Freiheitsgefühl und die Fähigkeit, sich nicht ausschließlich als arbeitendes Subjekt zu definieren. »Freiheit im aktuellen Sinn erfährt, wer eine sublime Arbeitslosigkeit in seinem Inneren entdeckt – ohne sich gleich bei einer Vermittlungsagentur zu melden« (Sloterdijk, 2011, S. 27).

Auch wenn die tradierte Arbeitsethik uns vor allem an die Grenzen unserer Belastbarkeit führt und vielfach zerlegte Arbeitsprozesse eher ein Gefühl von Entfremdung statt von Sinn entstehen lassen, so wollen wir nicht vergessen, dass sie durchaus auch dafür sorgt, Arbeit besonders gut machen zu wollen, sich in sie zu vertiefen. Hier liegt möglicherweise ein Weg, in der Arbeit neben Entfremdungserleben auch Momente von Poesie und Schönheit zu entdecken. Wer meint, sie nur im Bereich von Kunst, Kultur und Philosophie zu finden, dem sei der Film *In den Gängen* von Thomas Stuber ans Herz gelegt. Im Mikrokosmos eines Großmarktes entfaltet sich hier in den Regalen einer Getränkeabteilung eine bezaubernde ästhetische Ordnung und die grazil anmutenden Tänze der Gabelstaplerfahrer beflügeln. Das mag vielleicht naiv klingen. Zumindest ist es etwas tröstlich.

Interventionsstrategien im Coaching

Natürlich gehören in ein Buch über Coaching auch Ausführungen zu Interventionen. Wir stellen unsere präferierten Methoden in diesem Kapitel vor. Gleichzeitig wollen wir betonen, dass wir der Methodenorientierung in der Coachingszene durchaus skeptisch gegenüberstehen. Günter Irle (2001) bringt es schön auf den Punkt, wenn er konstatiert: »In Theorie und Praxis herrscht ein reger Austausch von Interventionstechniken. Beliebte Tauschobjekte sind die kreativen Techniken wie Systemaufstellungen, Skulpturentechnik, Leerer Stuhl, zirkuläres Fragen, Metaplan und Konfrontationstreffen.« Noch weiter geht Wolfgang Weigand (2009), wenn er gar vom »Methodenfetischismus« spricht. Auch wir halten das Vor-sich-Hertragen einer Methodenflagge für eine Mogelpackung oder besser: für ein oberflächliches identitätsstabilisierendes Schutzschild. Keine Frage: Jeder Coach braucht ein gewisses methodisches Repertoire als Handwerkszeug. Bei genauem Hinsehen sind dies oft persönlich präferierte Interventionsinstrumente, seien diese nun aus dem systemischen, psychodramatischen oder psychoanalytischen Fundus gespeist. In der Praxis geht es dann darum, dass der Coach entsprechend seiner Persönlichkeit und in Relation zum Auftrag Interventionen kreativ einsetzt. Prozessberatung ist aus unserer Sicht eine durchaus kunsthandwerkliche Arbeit. Hier erweisen sich jene Kolleginnen und Kollegen als am besten gewappnet, die wie eine Künstlerin verschiedene Farben, Formen und Materialien kombinieren und mischen können. Unser Institutskollege Helmut Hallier (2017) hat die Beraterhaltung sowohl in Relation zu Methoden als auch zu Erfahrungen gebracht: Was er vom Supervisior sagt, trifft unseres Erachtens auch auf den Coach zu:

> »Die Haltung des Supervisors mag vordergründig nicht sofort sichtbar sein, aber sie beeinflusst alles. Sie ist Grundlage und Fundament. Erfahrung ist

> das Gerüst, welches das Gebäude, das sich auf dem Fundament erhebt stützt und ihm Festigkeit und Flexibilität verleiht. Die Methode ist dann die konkrete Ausformung, die dem ganzen Gebäude Farbe und das Aussehen verleiht. Manchmal lässt man sich von der Eleganz einer Intervention bezaubern, ohne an das tragende Gerüst und das darunter liegende Fundament zu denken. Genau betrachtet kommt jedoch keines der drei Element ohne die beiden anderen aus« (Hallier, 2017, S. 310f.).

Abbildung 9 veranschaulicht treffend, welcher Stellenwert aus unserer Sicht den sogenannten Tools zukommt.

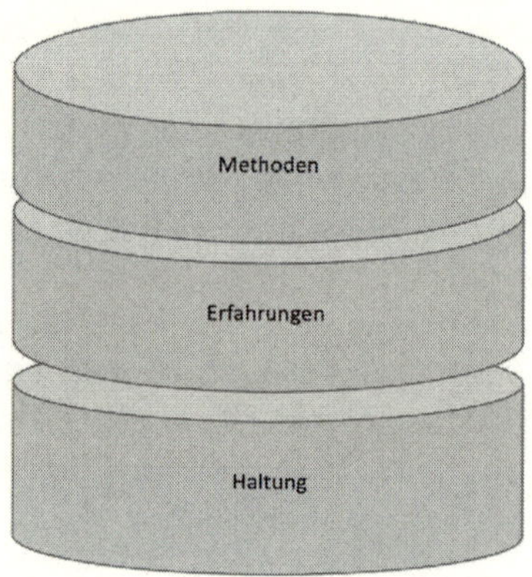

Abb. 9: Hierarchie der Kompetenzen

Die Erhebung der Ist-Situation im Coaching (Das Kasseler Coaching Inventar)

Wir hadern mit dem Begriff der Diagnostik im Coaching, weil er zunächst suggeriert, man könne komplexe Situationen auf vorgefertigte Kategorien herunterbrechen, wie das aus dem medizinischen und psychotherapeutischen Bereich durch den ICD-10 oder DSM-IV bekannt ist. Es könnte der Eindruck entstehen, wir würden uns mit unseren Coachees in einer Arzt-Patientin-Beziehung befinden, in der wir, wie Ärzte, aufgrund unseres Spezialwissens den Patientinnen mitteilen, woran sie leiden. Diese Vorstellung lässt sich mit unserem Selbstverständnis als Prozessberatende nicht vereinbaren. Gleichzeitig stimmen wir Wolfgang Looss (2013, S. 51) zu, der in

Bezug auf Watzlawick feststellt, dass man »eben nicht nicht diagnostizieren (kann).« Denn

> »Die vielfältigen inneren Operationen eines physischen/psychischen Systems […] werden vom betroffenen Individuum immer irgendwie sortiert, geordnet, mit Bedeutung versehen, in Ereignisketten und Schlussfolgerungen eingebaut und eben auch zur Verhaltenssteuerung genutzt. Das gilt für den Klienten wie für die Beraterin/Therapeutin.«

Wir halten es für angemessen, im Kontext von Coaching die Sortierung der aufkommenden Gedanken, Emotionen, Bilder oder Hypothesen im Sinne eines co-kreativen Prozesses gemeinsam mit unseren Coachees zu vollziehen und damit »der Ursprungsbedeutung des Diagnosebegriffs gerecht [zu] werden: vertieftes Kennenlernen« (ebd., S. 55).

Wir gehen im Coaching dem Zusammenspiel der Triade Person-Rolle-Organisation nach (wie im Kapitel »Das Rollenkonzept als Grundmodell« beschrieben). Beim ersten Erfassen der Situation der Coachees interessieren uns einerseits die »hard facts«, also benennbare Gegebenheiten wie die Person, die Organisation und die Rolle. Gleichzeitig gehen wir davon aus, dass sich unsere Coachees in einem Kraftfeld bewegen, das von unbewussten Dynamiken beeinflusst wird. Auch dafür interessieren wir uns. Unser bestes »Messgerät« dafür ist die Wahrnehmung unserer Beziehung zu unseren Coachees. Denn wir gehen davon aus, dass sich die unbewussten Dynamiken der Person, der Organisation und der Rolle in der Beziehung zu uns spiegeln. Wir bedienen uns dabei der Konzepte von Gegenübertragung und szenischem Verstehen, wie sie in den psychodynamischen Ansätzen beschrieben werden und auf die wir im Kapitel »Triangulierung« genauer eingehen.

Fallbeispiel: Wenn es nicht einfach ist, in den Kontakt zu kommen

Ich (KTB) bin von einer Behörde beauftragt, Coaching für Mitarbeitende durchzuführen. Das Coaching wurde als freiwilliges Angebot zur Verfügung gestellt. Es steht ein Kontingent an Stunden zur Verfügung, das ich je nach Bedarf für die einzelnen Coachees nutzen kann. Coaching ist als Format in der Organisation bisher nicht etabliert. Frau Zierke ist eine der Mitarbeitenden, die Bedarf an Coaching angemeldet hatte. Sie kommt pünktlich zum ersten Termin und huscht schnell in meinen Raum, findet ihren Platz auf dem Sessel und schweigt. Ich versuche ein wenig small talk, dem sie etwas gestelzt folgt. Ich nehme Skepsis und Verunsicherung bei ihr wahr. Um in den Kontakt zu kommen, stelle ich mich vor und erzähle, was ich bisher durch die Auftragsklärung mit der Gruppenleiterin erfahren habe, und bitte sie dann, etwas zu sich und ihrem Anliegen zu sagen. Frau Zierke wirft mir mehr oder weniger kleine Informationsbrocken zu, es gibt keine fließende Erzählung, wenn sie von sich oder ihrer Arbeit erzählt. So entsteht in der Eingangsszene bereits Stille, die auszuhalten, aber auch zu überbrücken ist. Ich helfe aus durch Fragen. Frau Zierke sagt, dass sie eigentlich nicht gern spricht, aber entschieden hat, das nun doch im Coaching zu tun. Sie hatte sich eine Coach gewünscht, die sich in der Arbeit im Amt auskennt. Das wäre ja nun nicht der Fall. Aber sie will es doch versuchen mit mir. Ihre Antwort-Häppchen machen es mir schwer zu verstehen, um was es in unseren Sitzungen gehen soll.

In dieser Eingangsszene wird deutlich, wie schwer es uns beiden fällt, in den Kontakt zu kommen. Ich nehme eine gewisse Scheu bei der Coachee wahr, sich zu zeigen, was bei mir eine Irritation und eine eher ungewöhnliche Vorsicht im Kontakt auslöst. Gleichzeitig kommt Scham in mir auf, weil ich, um unser Gespräch überhaupt in Gang halten zu können, immer wieder nachfragen muss. Diese Scham verbindet sich allmählich mit einem Ärger darüber, dass sie es mir im Kontakt so schwer zu machen scheint. Ihre zur Schau gestellte Toleranz mir gegenüber, mich als Coach zu akzeptieren, obwohl ich ihren Ansprüchen nicht ganz zu genügen scheine, tut ihr Übriges. Meine Assoziation »Wort-Häppchen«, lässt mich an eine Versorgungs-Szene denken. Erst im Laufe unserer Arbeit wird deutlich, dass in unserer ersten Begegnung sich bereits die Themen spiegelten, die Frau Zierke in der Arbeit mit ihren Kundinnen, wie sie sie nannte, beschäftigen. Im Amt für Soziales war sie zuständig für die Versorgung von von Obdachlosigkeit bedrohten Menschen, die durch vielfältige Umstände den Kontakt mit der Gesellschaft verloren hatten. Meine Vorsicht und meine Scham könnten als Spiegel interpretiert werden, die mit dem Bitten um Hilfe und dem damit verbundenen Offenlegen von persönlichen Details verbunden ist. Nun saß Frau Zierke bei mir und bat um Hilfe. Es stellte sich auch heraus, dass sie das Coaching für sich nutzen wollte, um wieder einen wertschätzenden Zugang zu ihren Kundinnen zu finden, so wie sie es kannte, als sie ihre Arbeit im Amt vor einigen Jahren aufgenommen hatte. Heute sei sie oft verärgert über die Ansprüche, die vorgetragen werden, obwohl ihr Kopf sage, dass es damit seine Richtigkeit hat. Zu ergänzen wäre, dass sich im Laufe der Sitzungen auch biografische Zusammenhänge zum

Thema Kontakt, Versorgung, dem Gefühl, nicht zu genügen, Scham und Aggression herstellen ließen.

Für eine strukturierte Erfassung der Ausgangssituation auf den drei Ebenen Person, Rolle und Organisation halten wir das »*Kasseler Coaching Inventar – KCI*« (Möller & Kotte, 2013, S. 338f.) für einen inspirierenden Leitfaden für die Coaching-Praxis. Hier wird neben den bewusst benennbaren auch den unbewussten Kategorien Aufmerksamkeit geschenkt. Das KCI ist unterteilt in fünf Abschnitte:

- Coachinghintergrund (Alter, Kundin wurde empfohlen durch ..., Anlass, Ziele, bisherige Lösungsversuche, Vorerfahrung mit Coaching)
- Berufsbiografie und organisationale Einbettung
- Kurzbiografie
- Interaktionsdiagnostik
- Managementaufgaben, für den Fall, dass eine Führungskraft beraten wird

In jeder Kategorie werden Schwerpunktfragen vorgeschlagen, die insgesamt zu einem umfassenden Bild der Situation führen. Möller und Kotte schlagen vor, das Inventar im Sinne eines »Minimalvorgehens« (ebd., S. 326) zu nutzen und gegebenenfalls weitere Erhebungen zu ergänzen. Aus unserer Sicht kann es ebenfalls für die Dokumentation und zur Evaluation von Coachingprozessen gute Dienste leisten.

Rekonstruktion als Interventionsstrategie im Coaching

»Es lässt sich behaupten, dass Klienten meistens deswegen in einen Coaching-Prozess eintreten, weil sie für eine aktuelle Thematik über keine ausreichenden Deutungs- und/oder Handlungsmuster verfügen« (Schreyögg, 2003, S. 174). Das deckt sich durchaus mit unseren Erfahrungen. Auch wenn zu Beginn ein konkretes Thema benannt wird, tauchen in Prozessen, die länger als fünf Sitzungen umfassen, meist weitere relevante Themen auf.

Sowohl in fokussierten als auch in längeren Prozessen hat sich die Rekonstruktion als Methode zur *Perspektiverweiterung* und das *Erkennen von Mustern* bewährt. So lassen sich neue Handlungsoptionen generieren. I. d. R. kommen die Coachees mit diffus umschriebenen Anliegen.

In einem ersten Schritt wird rekonstruiert, »um was es dem Coaching-Klienten genau geht bzw. wie seine Formulierung bündiger als bisher formuliert und zugeordnet werden kann« (ebd., S. 173). Die Klienten wählen vorrangig eine Problemdefinition, die ihrer spezifischen *Horizontstruktur* entspricht. D.h. die von ihnen gewählte Problemdefinition kann selbst zum Problem werden, denn aus ihrer eingeengten Sicht erleben sie ihre Situation unter Umständen als hochgradig aussichtslos. Es kann eine Negativspirale entstehen, die fortlaufend weitere negative Effekte produziert, z.B.:

- Suche nach Schuldigen
- Ständiges Jammern und Lamentieren
- Sich zunehmend isoliert fühlen
- Ohnmachtsgefühle

Diese »unendliche Geschichte« von Fehlinterpretationen »lasse[n] sich nur durch eine breit angelegte Rekonstruktion stoppen, in deren Verlauf die Klienten lernen, ihre eigenen Interpretationen infrage zu stellen, zu modifizieren und durch andere, möglichst vielfältige, anzureichern« (Schreyögg, 2003, S. 179). Der Kontakt zwischen Coachee und Coach ist generell ein Raum, in dem sich aktuelle arbeitsbezogene und biografische Anteile inszenieren. Oft sind sie erst retrospektiv verstehbar. Um alle Ebenen des Mensch-Seins (Kopf, Herz und Hand) zu verlebendigen, sind angeleitete Praxisinszenierungen förderlich. Dabei haben sich für uns folgende Methoden besonders bewährt:

- Das Malen eines Bildes, wie die Klientin sich in der Organisation erlebt
- Rollentausch durch Stuhlarbeit (Rekonstruktion)
- Kopf-Herz-Hand-Triade

Wir malen (machen) uns ein Bild Ihrer Organisation

Diese Methode (Pühl, 2019) dient dem Coach dazu, die konkrete Situation seines Coachee in seiner Organisation besser zu verstehen. Der Coach könnte sagen: *Um mir ein Bild von Ihrer Situation in Ihrer Organisation machen zu können, schlage ich Ihnen eine kreative Methode vor. Malen Sie doch bitte Ihre Sicht auf Ihre momentane Arbeitssituation auf diesen Flipchart. Es geht nicht darum, dass Sie ein Kunstwerk malen. Zeichnen Sie am besten einfach drauflos, so, wie es Ihnen in den Sinn kommt. Sie können Farben einsetzen, Symbole und was Ihnen sonst noch einfällt …*

Der Coach kann während des Malens Verständnisfragen stellen und dabei die Balance halten zwischen machen lassen und anregen. Wir folgen der Prämisse, so viel wie nötig und so wenig wie möglich zu kommentieren und zu fragen. Wenn das Bild fertig gestellt ist, könnte der Coach sagen: *Wie ist es Ihnen beim Malen ergangen? Wenn Sie jetzt das Bild betrachten, wie wirkt es auf Sie? Welche Gedanken kommen Ihnen in den Sinn?* Als Coach stellen wir auch unsere Resonanz zur Verfügung: *Auf mich wirkt das, was Sie erzählt haben, und ihr Bild so … Mir ist, während Sie gemalt haben, durch den Kopf gegangen … Das Bild wirkt auf mich wie … Dieses Symbol wirkt auf mich …*

Meistens erleben die Coachees dadurch eine Perspektiverweiterung. Es geht hier um das ganz subjektive Bild der Coachees auf ihre Situation in der Organisation zum jetzigen Zeitpunkt. Die Organisation wird mit dieser Methode im Einzelsetting sinnlich sichtbar und erhält so einen prominenten Platz. Coaching ist in erster Linie Kontakt- und Beziehungsarbeit, aber auf der Folie der beruflichen Tätigkeit. Das Hinzukommen dieser dritten Dimension symbolisiert die Triangulierung und verankert unsere Beratung deutlich als organisationsbezogene Intervention. Auch Unbewusstes findet in dieser kreativen Übung seinen Ausdruck über Formen, Farben, Symbole und Anordnungen und wird damit besprechbar. Obwohl das Bild eine Momentaufnahme ist, kann man sich im Laufe des Coachings immer wieder darauf beziehen.

Zum Abschluss bietet sich an zu fragen: *Wenn wir jetzt auf Ihre Eingangsfrage schauen, ergeben sich für Sie neue Impulse? Ich dachte, vielleicht könnte dies und jenes mit XY zusammenhängen? Mir fällt folgendes auf: … Was halten Sie davon?*«

Wir haben noch nie Bilder erlebt, die keine Botschaft beziehungsweise Aussage enthielten, auch wenn sie auf den ersten Blick noch so sparsam aussahen. Die Themen, die sich bei der Betrachtung herausschälen, können wir festhalten, da sie einen Plan für die zukünftige Beratung bilden.

Fallbeispiel: Vom Teammitglied zur Stellvertreterin

Frau Stern kommt ins Coaching, weil sie vor Kurzem die stellvertretende Leitung in einem Wohnprojekt für Menschen mit psychischer Beeinträchtigung übernommen hatte. Sie war einige Jahre Teil des Teams und mit einigen Mitarbeiterinnen sogar befreundet. Wegen ihrer Präsenz und Leistungsfähigkeit hatte das Team sie, als die Stelle im Unternehmen ausgeschrieben wurde, für diese Position vorgeschlagen. Die Leitung wünschte sich Unterstützung von ihr, denn neue gesetzliche Vorgaben veränderten den Auftrag in der Arbeit mit Menschen mit psychischen Beeinträchtigungen. Kurz gesagt: Im Umgang mit den Klientinnen sollte sich das Team vom Arbeitsideal her verändern: von der Fürsorge hin zur Partizipation. Frau Stern wechselte mit viel Elan in die stellvertretende Position. Nun erlebte sie jedoch Auseinandersetzungen mit Kolleginnen, die ihr vorher wohlgesonnen waren. Das belaste sie sehr. Ich (KTB) bitte sie, ein Bild ihrer momentanen Situation im Unternehmen zu malen, so wie sie es gerade wahrnimmt. Frau Stern malt ein Haus mit Spitzdach. In das Dach zeichnet sie die Leitung des Projektes. Die Leitung scheint von allen Teammitgliedern akzeptiert. Frau Stern setzt ihr eine Krone auf. Nun platziert sie die Mitarbeiterinnen des Teams und symbolisiert sie durch Kreise. Sie hadert, als sie versucht einen Platz für sich selbst zu finden. Sie hebt den Stift in Richtung Dach und kommentiert, dass ihr Kopf ihr sagt, sie sollte dort stehen, ihr Gefühl dem aber nicht nachkommt. Schlussendlich malt sie eine offene Eingangstür für das Haus und platziert sich auf der Schwelle. Sie setzt sich einen kleinen Hut auf, als Zeichen für die Position der Stellvertretung. Als sie fertig ist mit malen, bitte ich sie, zurückzutreten und das Bild auf sich wirken zu lassen. Es erscheint ihr unruhig. Sie sieht ein Haus, in dem es zieht, da die Tür offensteht. Sie ist etwas erschrocken, wie deutlich sie beim Betrachten des Bildes ihre Unentschlossenheit spürt, die Schwelle ins Haus zu überschreiten. Trauer kommt bei ihr auf. Vor ein paar Monaten war es doch noch so harmonisch für sie im Team. Ich ergänze, dass mir auffällt, dass die Klienten auf dem Bild nicht in Erscheinung treten. Sie hält das für schlüssig, weil es ihr kaum gelingt, über die Arbeit mit den Klienten in den Dialog mit den Kolleginnen zu treten. Stattdessen wird im Team immer wieder die Kritik an ihrer Person fokussiert. In diesen Situationen fühle sie sich regelrecht ohnmächtig und »taub«. Alle fachlichen Argumente entfielen ihr. Es sei, als falle ein Vorhang. Diesem Gefühl gehen wir nach. Ich frage sie, ob sie dieses Gefühl aus anderen Zusammenhängen kennt. Sie wird still. Dann erinnert sie sich an Situationen im Elternhaus. Ihre Eltern hätten sich immer wieder gegen sie verbündet. Als Kind fühlte sie sich oft ausgeschlossen und ohnmächtig. Sie hätte dann nichts mehr zu sagen gehabt. Ihre Bedürfnisse und Argumente musste sie unterdrücken und das Gefühl von Ohnmacht, Taubheit und die Vorstellung eines fallenden Vorhangs stellten sich ein. Die

Übertragung wird uns hier deutlich. Wir erarbeiten, dass mit dem Eintritt in die Leitungsposition diese Ausschlusserfahrungen scheinbar erneut aktiviert wurden. Frau Stern hilft das, ihre Emotionen besser zu verstehen und sich ein Stück weit davon zu distanzieren. Denn auch wenn es im Kontext von Arbeit immer wieder zu Bündnissen kommen kann, so sind sie in der Regel weniger existenziell. Die Triangulierungskompetenz, also das Balancieren von Verbundenheit und Distanz als Leitungskraft, formuliert sie als Anliegen für den kommenden Coachingprozess. Wir forschen weiter, wofür im Kontext ihrer Arbeit das Gefühl von Ohnmacht und Taubheit ebenso stehen könnte. Wir vermuteten, dass ihre Kolleginnen möglicherweise auch mit einem Ohnmachtsgefühl zu kämpfen haben, wenn sie mit dem neuen Arbeitsauftrag konfrontiert werden. Die Kritik an ihrer Person lenkt möglicherweise auch vom Fachdialog ab, der durchaus schambesetzt sein könnte, wenn Unsicherheiten zum Vorschein kommen. Man ist auf der sicheren Seite, wenn die persönliche Kritik an der Leitung verhandelt wird. Die Erkenntnis, dass auch bei ihren Kolleginnen möglicherweise Ohnmachtsgefühle eine Rolle spielen könnten, erweitert ihre Perspektive und bringt ihr ihre Kolleginnen etwas näher. Im Coaching möchte Frau Stern der Frage nachgehen, wie sie den Veränderungsprozess im Team aus ihrer Position als Stellvertretende heraus unterstützen kann. Ihre Position auf der Schwelle interpretieren wir jetzt auch dahingehend, dass sich auch die Kolleginnen nicht sicher sind, ob sie sie eintreten lassen wollen, ob sie den Kontakt und den Dialog zulassen wollen. Schließlich stellen wir auch eine Verbindung zur Klientel, den psychisch erkrankten Menschen her. Auch sie haben mit Ohnmachtsgefühlen zu kämpfen. Für das Coaching notieren wir die Frage: Inwieweit spiegelt sich möglicherweise die Psychodynamik des Klientensystems in der Teamdynamik?

Rollentausch durch Stuhlarbeit (Rekonstruktion)

Ein Grundgedanke, den wir mit dem Rollentausch verbinden, ist, dass »Polaritäten den Charakter jeder Beziehung bestimmen und ein andauerndes Spannungsfeld für ihre Gestaltung sind« (Rautenberg, 2020, S. 106ff.). Das Offenlegen der Polartäten bedeutet keineswegs, Spaltungsprozesse zu stabilisieren. Im Gegenteil sind wir davon überzeugt, dass im Anerkennen und Nachspüren beider Seiten die eigenen Anteile entdeckt werden können, die in beiden Seiten verborgen sind. Folgende Varianten praktizieren wir:

- Rollentausch: Die Klientin schlüpft in die Rolle eines (schwierigen) Mitarbeiters oder Vorgesetzten. Dabei ist es hilfreich, dass die Coachee einen anderen Platz einnimmt und der Coach ihr hilft, in die Rolle zu finden, z. B.: »Schön, Frau Müller, dass Sie sich die Zeit genommen haben, uns zu erzählen, wie es Ihnen mit Ihrem Vorgesetzten geht, was Sie an ihm mögen und womit Sie vielleicht ihre Probleme haben.«
- Leerer Stuhl: Die Klientin spricht z. B. zu einem Mitarbeitenden, zu dem sie schwer einen Zugang findet oder den sie als schwierig oder aggressiv erlebt. Sie stellt sich vor, dass der Mitarbeiter auf dem leeren Stuhl sitzt. Auch hier ist es hilfreich, wenn der Coach die Szene anmoderiert: »Stellen Sie sich vor, hier sitzt ihr Mitarbeiter, Herr X. In diesem geschützten Rahmen können Sie ihm alles sagen, was Sie ihm gegenüber empfinden, was Sie schätzen, was Sie stört etc. Sprechen Sie den Kollegen dabei mit seinem richtigen Namen an.« Anschließend setzt sich die Klientin selbst auf den Stuhl und spürt nach, wie es ihr als angesprochenem Mitarbeiter gehen könnte.
- Eine andere Möglichkeit ist es, dass sich die Coachee auf einen leeren Stuhl setzt, der ein schwer zugängliches Gefühl oder eine unliebsame Eigenschaft symbolisiert. Auf dem Stuhl sitzt dann das schwierige Thema und sagt z. B.: »Ich bin der Rückzug, das ist eine feine Sache, da kann ich allen Konflikten aus dem Wege gehen.« Wenn der Coachee zu schnell nichts mehr einfällt, darf der Coach auch etwas provokant intervenieren. Im folgenden Fallbeispiel »die Lächerlichkeit« veranschaulichen wir das.
- Interview: Als sehr hilfreich haben sich für uns sogenannte Interviews erwiesen. Dabei befragt der Coach die Coachee, Frau Müller (auf einem anderen Stuhl), in der Rolle einer für sie als problematisch erlebten Kollegin Huber. Das kann z. B. so aussehen: »Schön, Frau Huber (Coachee), dass Sie sich die Zeit genommen haben, um mit mir mal in Ruhe und Vertraulichkeit über Ihre Kollegin Müller zu sprechen. Nennen Sie mir doch ein paar herausragende Eigenschaften, die Ihnen besonders auffallen und die Ihnen besonders fremd, ja geradezu zuwider sind.« Während die Coachee in der Rolle der kritischen Kollegin spricht, überstützen wir durch Nachfragen, eventuell auch durch Zuspitzungen, damit die kritisierte Person vor dem inneren Auge von Frau Müller deutlich Gestalt annimmt. Dann nimmt sie wieder den vorigen Stuhl ein und berichtet, wie es ihr als kriti-

sierende Person ergangen ist. Diese Innenschau eröffnet häufig eine veränderte Sicht. Manchmal entdecken die Coachees, dass die abgelehnten kritischen Eigenschaften in ihrer Ursprungsfamilie verortet sind. Wenn die Projektion auf diese Weise zurückgenommen werden kann, bietet sich die Chance, die »kritische« Kollegin mit anderen Augen zu sehen, was oftmals einen anderen Kontaktzugang eröffnet.

Fallbeispiel: Wenn die Scham lähmt

Herr Fuchs kommt in die achte Coachingsitzung mit einem neuen aktuellen Thema. Zusammen mit Kolleginnen möchte er eine Jugendhilfeeinrichtung gründen. Erfahrung, Kontakte und Ressourcen sind vorhanden. Er schildert, dass er immer wieder spürt, wie schwer es ihm fällt, Kontakt zu wichtigen Stellen aufzunehmen, zum Beispiel zum Steuerberater. Dazu muss man wissen, dass Herr Fuchs, Ende 40, ein erfolgreicher und kompetenter Psychotherapeut mit langer institutioneller Leitungserfahrung ist. Er ist selbst immer wieder überrascht, dass ihm diese Schritte so viel Mühe machen. Schnell kommt er darauf, dass er das Gefühl hat, sich lächerlich zu machen. Wir überlegen, wie wir uns dem Thema nähern können.

Ich (HP) schlage vor, dass er sich auf einen freien Stuhl setzt und versucht, die Lächerlichkeit zu sein. Ihm fallen viele Szenen ein, besonders im Kontakt mit seinem Vater, der oft zynisch war. Dadurch fühlte sich Herr Fuchs beschämt und ausgelacht. Um nicht aufzufallen, machte er dann alle für ihn wichtigen Dinge heimlich, dazu fielen ihm zahlreiche Situationen ein. Als nächsten Schritt schlage ich vor, dass er wieder auf dem vorigen Stuhl Platz nimmt und versucht, mit der Lächerlichkeit Kontakt aufzunehmen. »Liebe Lächerlichkeit, was ich Dir immer schon mal sagen wollte …« Nach kurzem Nachdenken gelingt das sehr gut, nachdem er den Stuhl erstmal ein Stück von sich weggeschoben hat. Lächerlichkeit blieb dabei aber etwas Fernes, Distanziertes.

Als ich ihn nach einiger Zeit bitte, den Stuhl direkt neben sich zu stellen, zieht er ihn zu sich heran, aber schnell wieder ein Stück weg. So nah darf ihm die Lächerlichkeit nicht kommen.

Wir machen eine kurze Pause. »Es lässt mir keine Ruhe, ich will es doch noch mal versuchen.« Er zieht den Stuhl direkt neben seinen Stuhl, augenblicklich überkommt ihn eine Traurigkeit und er muss weinen. Diese Traurigkeit ist ihm vertraut, auch wenn er versucht, sie zu unterdrücken, aber sie meldet sich immer wieder. Er bringt sie in Bezug zu seinem Vater, den er in seinen letzten Lebensjahren im Umgang mit seinen eigenen Kindern ganz anders erlebt hat. Auf sie konnte er sich einlassen und war in gutem Kontakt mit ihnen. Herr Fuchs äußert den starken Wunsch, auf das Grab des Vaters, das er noch nie besucht hat, eine Blume zu stellen und ihm zu danken. Nun fühlte er sich frei, die nötigen Kontakte aufzunehmen, um das Projekt auf die Schiene stellen zu können.

An der Stelle, als der Coachee den Stuhl mit den abgelehnten Gefühlen nicht zu sich heranziehen konnte, erzählte ich ihm eine Episode aus dem Buch von Ken Wilber, *Mut und Gnade* (2009), in dem er und seine Frau den Kampf gegen ihren Krebs schildern. Erst im vorgeschrittenen Stadium, als keine Heilung mehr in Sicht war, konnte seine Frau, und er auch, den Kampf aufgeben und mit dem Krebs Frieden schließen, wie sie es eindrucksvoll nennt, und ihn sogar als einen Teil von ihr lieben. Eine äußerst bewegende Szene. Sie charakterisiert auf dramatische Weise den Kampf *gegen* etwas. Dieses »gegen« kostet so viel Kraft und beherrscht schließlich das ganze Leben. Es zeigt uns deutlich, wie stark und lebendig die Verbindung zu den abgelehnten Anteilen sein kann. Der Kampf *gegen* ist Zeichen für eine unbearbeitete Verbindung, so wie der Hass auf jemanden eine stärkere Verbindung als die Liebe sein kann.

Zurück zu Herrn Fuchs: Die befreiende Wirkung der Sitzung war tatsächlich so stark, dass er bei unserem nächsten Treffen freudig berichtete, dass das Projekt große Fortschritte mache und man sogar schon ein geeignetes Gebäude in der Umgebung gefunden habe. Das sind die Momente, in denen ich als Coach berührt bin und mich mit dem Klienten über die Transformation freuen kann.

So schnell lösen sich nicht alle Blockaden. In diesem Falle kam begünstigend hinzu, dass Herr Fuchs als Psychotherapeut zu einer ausreichend tiefgreifenden Selbstreflexion in der Lage war.

Entsprechend dem Rollenberatungskonzept mobilisieren die Inszenierungen manchmal auch biografische Muster (»aus der unteren Schublade«). Meist erkennen die Coachees im emotionalen Lebendigwerden das selbst (»das hört sich wie die Botschaft meines Vaters an«). Wir können auch selbst fragen, ob das Muster bekannt ist, ohne ihm den Raum zur Bearbeitung zu geben. Allein das Benennen und Ins-Bewusstsein-Heben kann eine Veränderung bewirken.

Kopf-Herz-Hand-Triade

Der erlebnisorientierte Ansatz von von Witzleben (2019), den sie etwas hochgestochen das »triadische Prinzip« nennt, hat uns zu Modifikationen inspiriert. In Fällen, in denen ein Coachee sein Thema nicht recht zu fassen kriegt oder vor einer wichtigen Entscheidung steht, hat sich folgendes Vorgehen bewährt:

Um das Thema »auf die Bühne« zu bringen, schlagen wir die Triade vor und legen im Dreieck jeweils eine Karte, oben für den *Kopf*, rechts unten für das *Herz*, links unten für die *Hand*.

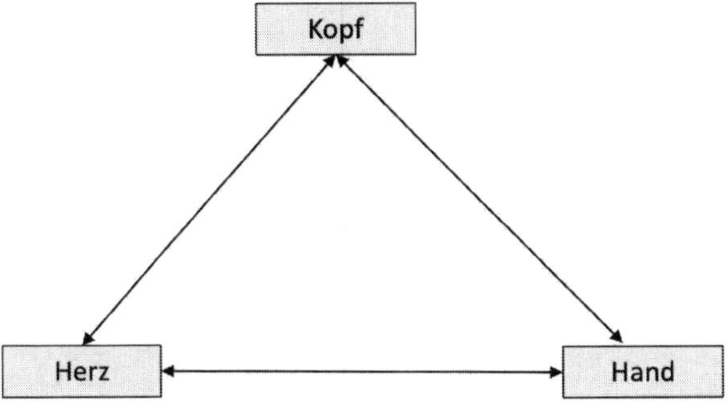

Abb. 10: Kopf-Herz-Hand-Triade

Der *Kopf* steht für die Gedanken, das Herz für das Gefühl und die Hand für den (spontanen) Handlungsimpuls.

An einem kleinen Fallbeispiel möchten wir diese Methode verdeutlichen:

Herr Müller, Ende Vierzig, kommt seit Jahren zu mir (HP) ins Coaching, in letzter Zeit sporadisch, immer wenn es um Entscheidungen geht, die er treffen muss. Heute bewegt ihn die Frage, ob er ein Angebot seines Arbeitsgebers annehmen soll, aus seiner Halbtagsstelle eine Vollzeitstelle zu machen. Anlass sind strukturelle Veränderungen, die das Unternehmen zwingen, die Stundenanteile der Mitarbeitenden zu verändern. Herr Müller ist im Prinzip mit seiner Arbeitsaufteilung zufrieden, denn in der verbleibenden Zeit führt er freiberuflich interessante Workshops und Ausbildungen durch.

Wir sprechen einige Zeit über die Vor- und Nachteile, ohne der Ambivalenz näher zu kommen. Soll er das Angebot annehmen oder lieber so weitermachen? Beides hat verlockende Vor- und Nachteile, auf deren Aufzählung hier verzichtet werden kann. In diesem Falle schätzt er als Kopf die Sicherheit und die gute Bezahlung, als Herz spürt er die Ambivalenz seinem Arbeitgeber gegenüber und die Hand verspürt durchaus Lust und Neugier auf ein neues Arrangement. Er macht die Runde zweimal und kommt dann allein auf die Idee, mit Kopf, Herz und Hand in den Dialog zu gehen. Ihm wird körperlich und kognitiv deutlich, dass die Erhöhung der Arbeitszeit für ihn nicht infrage kommt. Die Klärung hat Erleichterung gebracht.

Arbeit mit Skalen im Coaching

Die Skalenarbeit bietet sich an, wenn im Coaching ein ressourcen- und lösungsfokussierter Blick hilfreich erscheint.

Fallbeispiel: In Mitarbeitergesprächen auf den Punkt kommen

Die Leiterin einer pädagogischen Einrichtung, Frau Werner, nutzt Coaching für eine regelmäßige Reflexion ihrer Leitungstätigkeit. Sie nimmt sich einmal monatlich für 90 Minuten Zeit dafür. An diesem Tag kommt sie demotiviert in unsere Sitzung (KTB). Sie hatte kurz vorher die jährlichen Mitarbeitergespräche geplant. Bei der Durchschau der Unterlagen stellte sie fest, dass die Gespräche im letzten Jahr zwar atmosphärisch sehr gut liefen, am Ende kam sie als Leitung jedoch nicht auf den Punkt, wie sie sagte. Die Mitarbeitenden schätzen die Gespräche, weil sie sich entlastet fühlen. Frau Werner selbst kam aber nicht zum Zuge, wenn es darum ging, kritisch auf die Arbeitsergebnisse zu schauen. Sie meint, dass die Gespräche im Problemmodus stecken bleiben. Sie möchte heute darüber nachdenken, wie sie mehr »Butter bei die Fische« bringen könnte, um sowohl wertschätzend als auch kritisch auf die Arbeitsergebnisse der Mitarbeitenden zu schauen. Sie wünscht sich, dass sie etwas in der Hand hat, wie sie zu konkreteren Ergebnissen in den Gesprächen kommen kann.

Es deutet sich hier bereits an, dass es im Coaching manchmal um das Vermitteln von Handwerkszeug gehen kann. Das muss natürlich kontraktiert werden. So frage ich Frau Werner, ob sie Lust hat, für ihre Fragestellung die Methode der Skalenarbeit auszuprobieren. Sie könne diese dann, wenn sie ihr zusagt, ebenfalls in den kommenden Gesprächen mit den Mitarbeitenden nutzen. Sie stimmt zu.

Zur Orientierung gebe ich ihr ein paar Worte zum lösungsfokussierten Ansatz von Steve de Shazar, der in den 1960er und 1970er Jahren mit seiner Frau Insoo Kim Berg in Milwaukee eine spezielle Richtung in der Psychotherapie und Beratung, die lösungsfokussierte Kurzzeittherapie (Solution Focused Brief Therapy – SFBT), entwickelt hat. Dieser Ansatz lässt sich auf die arbeitsbezogene Beratung übertragen. Der entscheidende Unterschied zu anderen Ansätzen war, dass hier der Fokus radikal auf die vorhandenen Ressourcen und ein positives Zukunftsbild gelegt wurde. Nach dem Motto: »Der Lösung ist das Problem egal.« Denn in der SFBT geht man davon aus, dass das gestärkt wird, was Aufmerksamkeit bekommt. Was allerdings nicht heißt, dass der Leidensdruck der Gesprächspartner nicht gewürdigt wird. Seine ernsthafte und tiefe Anerkennung ist eine Voraussetzung, damit sich eine gute Beratungsbeziehung entwickeln kann. Die Frageausrichtung ist allerdings nicht, »Warum« etwas nicht gelingt, sondern »Wie« es besser werden könnte und »Was« dafür bereits schon da ist. In diesem Ansatz wird davon ausgegangen, dass die Lösung für ein Problem bereits in jedem beziehungsweise jeder Fragenden angelegt ist und sie »nur« gehoben werden muss. Die Skalenarbeit ist ein Element des Repertoires der lösungsfokussierten Arbeit. Sie kann sowohl in der Arbeit mit Einzelnen als auch mit Teams angewandt werden.

Frau Werner ist durch diese Informationen orientiert und kann sich auf die Skalenarbeit einlassen. Ich fokussiere mit ihr zunächst noch einmal ihr Anliegen. Sie sagt: »Ich möchte die jährlichen Gespräche mit den Mitarbeitenden einfühlend und wertschätzend führen und gleichzeitig konkrete und realistische Entwicklungsschritte für das kommende Jahr verabreden und festhalten.« Ich bringe eine Skala von 0 bis 10 ins Spiel, indem ich die Zahlen auf das Flipchart zeichne. Dann frage ich sie: »Auf dieser Skala von 0 bis 10, wobei ›10‹ bedeutet, dass sie Ihre Gespräche mit den Mitarbeitenden so führen, dass sie hoch zufrieden sind. Sie führen sie einfühlend und wertschätzend und gleichzeitig haben Sie am Ende konkrete und realistische Entwicklungsschritte für das kommende Jahr verabredet. ›0‹ bedeutet, Sie tun noch nichts von dem. Wo befinden Sie sich da aktuell?« Frau Werner denkt für einen Moment nach und ordnet sich auf der 5 ein. Ich frage nach: »Warum schon auf der 5?« Frau Werner beginnt aufzuzählen, was sie alles noch nicht tut. Ich unterbreche sie und bitte sie, bei meiner Frage zu bleiben, nämlich danach zu forschen, was sie bereits tut, um auf der 5 zu sein. Sie berichtet: »Ich bin sehr wertschätzend im Kontakt. Ich erkenne das an, was die Kollegen und Kolleginnen leisten. Das gefällt mir und den Kollegen ebenso. Ich bin gut vorbereitet auf die Gespräche. Ich sorge dafür, dass wir störungsfrei arbeiten.« Frau Werner fallen noch weitere Punkte ein. Ich ermutige sie, indem ich immer weiter frage: »Und was gibt es noch? Und was noch?« Stille Momente helfen Frau Werner beim Nachdenken. Als sie fertig ist mit ihrer Aufzählung, ist sie ganz überrascht, wie viele Aspekte sie gerade aufgezählt hat. Vom Gefühl her stehe sie jetzt doch bereits auf der 6, sagt sie. Wir verändern das auf dem Flipchart. Wir forschen weiter. »Was wäre jetzt ein nächster guter Schritt in Richtung 10?« Zur Veranschaulichung der dahinter liegenden Idee für den nächsten guten Schritt nutze ich gern eine kleine Holztreppe mit zehn Stufen. Ich positioniere eine kleine Spielfigur hinter dem Ende der Treppe. Die Spielfigur steht nun direkt am Ende, vor sich den Absatz mit zehn Stufen. Es wird deutlich, dass es einen riesigen Schritt oder besser gesagt, einen gewaltigen Sprung bräuchte, um von der 0 direkt auf die 10 zu gelangen. Ich drehe die Treppe und lasse die Spielfigur die einzelnen Treppenstufen von 1 bis 10 hinaufsteigen. Es wird klar: So kann es eher gehen. So ist der Entwicklungsweg realistischer, Schritt für Schritt. Frau Werner entscheidet sich für die 8. Das wäre ein guter nächster Schritt, von der 6 auf die 8. Ich frage sie: »Und woran konkret würden Sie merken, dass sie auf der 8 sind?« Frau Werner füllt diesen Schritt mit anschaulichen Beispielen: »Ich würde auf der 8 den Gesprächsverlauf stärker in meiner Hand lassen. Ich würde mich auf die Problemlagen am Anfang einlassen und dann mutig dazu ins Gespräch gehen, wo es auch einen Entwicklungsbedarf bei der Kollegin gibt.« Ich frage: »Woran würden Sie es noch erkennen? Und woran noch?« Es lohnt sich, als Coach an der Stelle geduldig zu bleiben und die doch eher ungewöhnlichen Wiederholungen des »Woran noch?« zu praktizieren. Die Erfahrung zeigt, dass sich dadurch das Zukunftsbild unserer Coachees besser zeichnen und ins Gedächtnis bringen lässt. Je länger wir dabeibleiben, desto konkreter verankert sich ein mentales Bild und ein Gefühl dazu. Wir aktivieren Kopf, Herz und Hand. Als Frau Werner den Eindruck hat, dass sie ihr Bild gut verinnerlicht hat, bleibt mir noch die Frage, ob und, wenn ja, wann und wo sie das erste Gespräch in dieser Form führen wolle. Ihre Stimmung hat sich im Laufe der Übung verändert. Sie scheint wahrlich in ihre Kraft gekommen. Energie und Lust zeigen sich auch körpersprachlich. Sie wolle es im nächsten Gespräch in 14 Tagen sogleich versuchen. Sie werde etwas experimentieren. Ob sie den Flipchart nutzen würde, wie wir das hier im Coaching getan hatten, würde sie noch überlegen. Die Struktur gebe ihr aber einen guten Halt, um sowohl wertschätzend als auch ressourcenorientiert und zukunftsweisend ins Gespräch zu gehen.

Wir waren zufrieden. Um hier keine ausschließliche Best-Practice Geschichte zu hinterlassen, räume ich ein, dass mir am Ende ein zaghafter Zweifel bei Frau Werner nicht verborgen blieb. Ich stellte ihr das zur Verfügung. Sie hatte einen Auftrieb bekommen durch die Verbindung zu ihren Ressourcen, keine Frage. Dass sie noch nicht ganz von sich überzeugt sein konnte, weil ihr die Erfahrung mit der Idee der erarbeiteten Gesprächsführung fehlte, war einleuchtend. Wir wollten es im Blick behalten und gegebenenfalls erforschen, was es mit dem Zweifel auf sich hatte. Möglicherweise zeigte sich hier ein biografisches Thema, dem mit ausschließlich lösungsorientierten Fragen nicht beizukommen ist. Ich vermute, dass Steve de Shazar nicht viel davon gehalten hätte, am Ende einer Sitzung dem Zweifel Aufmerksamkeit zu schenken. Wir fühlen uns jedoch glücklich, unsere Gedanken frei und flexibel zur Anwendung kommen lassen zu können.

Erzählungen im Coaching

Am Beginn einer jeden Coachingsitzung bitten wir unsere Coachees, von ihrer Situation zu berichten. Uns werden dann, mal mehr und mal weniger geordnet, ausführlich oder knapp, sehr konkrete Leidensgeschichten aus dem Arbeitsalltag erzählt. Wir erfahren von schwierigen Kolleginnen, von überfordernden Aufgaben oder Umständen. Wir suchen dann im »Wortmaterial« nach Erzählmustern. Unserem Kollegen Klaus Obermeyer (2023) verdanken wir den Impuls »Erzählungen als Ausgangs- und Endpunkt arbeitsbezogener Beratung« zu verstehen. Im Coaching geht es uns dann darum, »problemstabilisierende Narrative in ihrer Wirkmacht zu dekonstruieren und andere Narrative ins Bild zu holen, die eine Spur zu neuer Handlungsfähigkeit legen« (ebd., S. 5). Obermeyer bezieht sich auf Jessica Benjamin, wenn er von der Erzählung als »symbolisches Drittes« spricht. »Das Dritte wird nur wachsen, wenn die Beteiligten gemeinsam um eine Beschreibung der Verhältnisse ringen, die […] ausreichend stimmig erscheint« (ebd.).

Wir gehen also davon aus, dass sich, wenn wir Bewegung in die Narrative unserer Coachee bringen, eine Erweiterung von Handlungsmöglichkeiten ergibt.

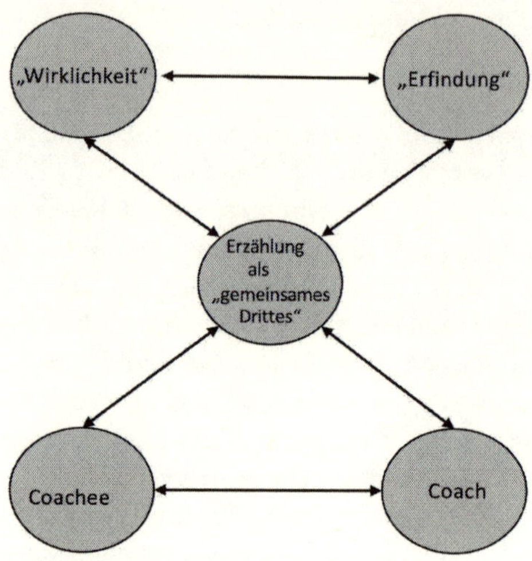

Abb. 11 Erzähltriade (aus Obermeyer, 2023)

Obermeyer (ebd., S. 82) führt drei Optionen an, die eine Neuerzählung unterstützen:

- 1. eine Bestandsaufnahme vorhandener Narrative,
- 2. die Mehrung von Optionen und
- 3. die Neuerzählung entstehen lassen.

In der Bestandsaufnahme geht es zunächst darum, die Erzählungen, die in den Leidensgeschichten stecken, zu identifizieren und ihnen einen passenden Titel zu verleihen. Obermeyer zählt Plotstrukturen auf, die ihm in seinen Beratungen öfter begegnen. Die folgenden sind auch uns vertraut:

- *Anklageschrift:* Zum Zweck einer Komplexitätsreduktion werden andere Personen für die schwierige Situation verantwortlich gemacht. »Da sich andere nicht ohne Weiteres ändern lassen, geraten solche Erzählungen in die Stagnation einer gelähmten Konfrontation mit Endgegner*innen« (ebd., S. 75).
- *Erzählungen von Schuld und Scham:* Uns wird von beschämenden Fehlern aus der Vergangenheit und von Befürchtungen, in der Zukunft zu versagen, erzählt.
- *Passionswege:* Wir erfahren von leidvollen Wegen, die ohne Erleichterung enden.

- *Heldenerzählungen:* Hier wird von besonderen Widrigkeiten erzählt, die zu bewältigen sind oder bereits bewältigt wurden.
- *Sowohl-als-auch-Geschichten:* Hier breiten sich »innere und äußere Vielstimmigkeit, Ambivalenzen und divergierende Blickwinkel« aus (ebd., S. 80).
- *Revolten:* In diesem Plot »schlägt eher die Stunde der Eindeutigkeit und Entschiedenheit« (ebd.).

Mit der gemeinsamen Identifizierung der Plots durch Coach und Coachee und der Namensgebung fällen wir eine wegweisende Entscheidung. Uns ist bewusst, dass es immer auch andere Möglichkeiten der Identifizierung gibt, die dann zu anderen Fortschreibungen des Narrativs führen.

Die Mehrung der Optionen ist der nächste Schritt. Es geht jetzt um die Auflösung der straff gestrickten Plots, der fest an sie gebundenen Deutungsmuster. Das Problem wird anders erzählt, es wird spielerisch verändert. Durch kreatives Erzählen, wahlweise auch durch Aufstellungen ergänzt, können Schlüsselbegriffe aufgegriffen und variiert werden. So entsteht nach und nach in poetischer Co-Kreation eine Neuerzählung.

Die neue Erzählung ist dann hilfreich, wenn sie eine kraftvolle Bedeutung entfalten kann. Atmosphärisch ist das im Coaching spürbar, wenn Energie durch die Veränderung von Deutungsmustern entsteht. Wirksam sind Neuerzählungen, wenn sie anschlussfähig sind. »Das Neuerzählte sollte nicht Feind des Alten sein. Dies ist möglich, wenn […] die Motive der Ursprungserzählung in der neuen Erzählung weiter aufgehoben und nicht einfach getilgt sind« (ebd., S. 110). Sie sind einträglich, wenn sie Ambivalenzen aufnehmen und nicht ausschließlich auf eine Lösung ausgerichtet sind. So wird das Problem weiterhin anerkannt und nicht herabgewürdigt. Eine gute neue Erzählung blickt auf die Vergangenheit mit den wahrgenommenen Problemen, sie nimmt in der Gegenwart die vorhandenen Ressourcen auf und entwirft eine willkommene Zukunft. Umso konkreter die Erzählung ausgestaltet wird, desto besser kann ein Transfer in die Arbeitswirklichkeit gelingen.

Fallbeispiel: Wenn das Masterstudium zur Klippe wird

Herr Ritter, ein Techniker, meldet sich bei mir (KTB), weil ich ihm von einer ehemaligen Coachee empfohlen wurde. Ich erfahre von ihm, dass er als angehende Führungskraft in einem Energieversorgungsbetrieb arbeitet. Berufsbegleitend studiere er im Masterstudium Betriebswirtschaft. Das letzte Semester seines Studiums, vor dem er gerade steht, ist hauptsächlich reserviert für das Schreiben der Masterarbeit. Gleichzeitig würde in dieser Zeit aber auch ein großes Projekt, für das er zuständig ist, in die »heiße Phase« kommen und eigentlich seine ganze Aufmerksamkeit benötigen. Im Laufe seines Studiums hat sich eine kleine Arbeitsgruppe von Studierenden zusammengefunden, die sich gegenseitig unterstützt. Diese Gruppe ist ihm sehr ans Herz gewachsen. Sie haben »manche Hürden miteinander genommen«. Als zufriedener Familienvater sei es ihm auch wichtig, Zeit mit seiner Frau und seinen zwei schulpflichtigen Kindern zu verbringen. Wenn er an die kommende Zeit denkt, dann fühle er sich wie gelähmt, weil er nicht weiß, wie er all diese Anforderungen unter einen Hut bringen kann. Er hatte bereits mit dem Gedanken gespielt, ein Urlaubssemester einzulegen, um Zeit zu gewinnen. So könnte er in Ruhe zunächst ein Thema für die Masterarbeit finden, er hätte mehr Aufmerksamkeit für das anstehende Projekt und auch seine Familie würde nicht zu kurz kommen. Während er über das Urlaubssemester spricht, spürt er aufkommende Unruhe verbunden mit innerer Zerrissenheit. Würde er sich dafür entscheiden, dann verlöre er den Kontakt zur liebgewordenen Studiengruppe. Die anderen hätten den Master bereits in der Tasche, wenn er nach dem Urlaubssemester dann allein an seiner Masterarbeit schreiben würde. Ein Gefühl der Einsamkeit und des Versagens machen sich breit. Der Zweifel wird noch verstärkt von der Erfahrung, die Herr Ritter im Laufe seiner bisherigen Schul- und Studienzeit machte, dass er unter hohem Druck am besten arbeiten könne. So stehen sowohl die Überforderung als auch der Wunsch, mithalten zu können, gleichzeitig im Raum. Die Blockade durch seine Unentschlossenheit entfaltet sich jetzt voll.

In der Darlegung von Herrn Ritter kann ich mehrere Plots erkennen. Es wird eine Heldengeschichte entfaltet, in der von überwundenen Hürden die Rede ist und von Standhaftigkeit, wenn es ihm gelingt, auch unter großem Druck Leistung zu erbringen. Dieser Held steht allerdings jetzt vor einer scheinbar unlösbaren Herausforderung. Das nährt den Scham- und Schuld-Plot. Denn nur unter dem hohen Druck von außen lief er in der Vergangenheit zu hohen Leistungen auf, nicht aufgrund guter Selbstorganisation und innerer Motivation. Die Aussicht, dass die anderen Studierenden das Studium in der Regelzeit abschließen, beschämen ihn zusätzlich. Die Arbeitsgruppe wird in eine Bündnisgeschichte von Zusammenhalt und Unterstüt-

zung eingebunden. Wir hören eine Familiengeschichte, in der ein Vater, eine Mutter und zwei Kindern gern Zeit miteinander verbringen.

Ich lade Herrn Ritter ein, das Erzählte gemeinsam bildlich etwas auszumalen. Dabei nehme ich das Schlüsselwort »gemeinsam Hürden nehmen« mit der Studiengruppe aus seinen Ausführungen als erstes auf. Unsere Fantasie trägt uns zu der Vorstellung einer Gruppe von Wanderern, die eine lange Tour über Berg und Tal bewältigt. Wir geben den Erlebnissen dieser Wandergruppe den Titel »Gemeinsam über Berg und Tal«. Dann konstruieren wir die Fortsetzung des Wanderweges. Mit Blick auf Herrn Ritters Situation wird klar, dass er aufgrund des zeitgleich zu bewältigenden Projektes im kommenden Semester den moderaten Anstieg mit der Wandergruppe nicht nehmen kann. Die Gruppe steht damit vor einer Weggabelung. Herr Ritter könnte zeitgleich den Weg starten, würde dann etwas rasten und müsste zum Zeitpunkt des größten Drucks einen steilen Weg zum Ziel wählen. Es erscheint das Szenario einer recht einsamen Klettertour. Herr Ritter erkundet, ob er, während er den steilen Berg erklimmt, den Kontakt zu den anderen vielleicht über Rufsignale aufrechterhalten könnte. Das in den Bergen zu empfangende Echo fällt uns ein. Das erscheint nicht besonders hilfreich. Dann versuchen wir, das Urlaubssemester in die Erzählung einzubauen. Eingebaut in die Bergwanderungs-Erzählung würde es ihm zunächst einen sicheren Platz auf der nächsten Raststätte erlauben. Er könnte in Ruhe seinen Rucksack packen und sich dann gemächlich auf den Weg machen. Herr Ritter ist überrascht, dass die Gefahr, das Ziel aufgrund des nicht vorhandenen Drucks aus den Augen zu verlieren, sich jetzt zumindest nicht entfaltet. Das Gefühl, sich allein durchschlagen zu müssen, macht ihm jedoch zu schaffen. Unsere Assoziationen führen uns zu den Studienkollegen, die das Ziel dann bereits durchschrittenen haben würden. Sie würden in alle Welt schöne farbige Postkarten verschicken mit Berichten über ihre Erlebnisse. Herr Ritter würde sogar Briefe empfangen. Sie wären liebevoll geschrieben und voll von guten Hinweisen für den recht steinigen Weg. Diese Fantasie scheint eine Schlüsselsequenz. Die freundliche Zuwendung der bereits am Ziel angekommenen Wanderfreundinnen ist ihm gewiss. Er scheint damit etwas befreit von der Last, sich unter den Kollegen beweisen zu müssen. Die Vorstellung, von ihren Erfahrungen profitieren zu können, stimmen ihn regelrecht froh. Herr Ritter entscheidet sich in diesem Moment für den Umweg und damit für das Urlaubssemester. Das schmücken wir nun lustvoll aus. Herr Ritter macht sich auf den Weg mit einem Rucksack voll von Proviant und guten Ratschlägen, festgehalten in Briefen, die er jederzeit lesen kann. Seine Frau und seine Kinder würden insgeheim kleine

Leckereien hineinlegen, um ihn den Weg zu versüßen. Sie wird er genießen, wenn der Weg allein schwer wird und er Trost sucht. Szenen tauchen auf von zufälligen Begegnungen auf Wanderschaft. Das stimmt Herrn Ritter zuversichtlich. Vielleicht wird er ja auf seinem Weg dem einen oder anderen Wanderer mit gleichem Ziel begegnen. Die Studienkolleginnen und seine Familie versammeln sich immer wieder auf den verschiedenen Aussichtsplattformen, die Herrn Ritters Weg säumen, und rufen ihm motivierende Worte zu: »Du schaffst das! Halte durch! Es ist noch kein Meister vom Himmel gefallen!« Schließlich konkretisiert Herr Ritter noch die praktischen Schritte, die er jetzt gehen will, um ein Urlaubssemester zu beantragen, und wie er den Kontakt mit den Studienkollegen aktiv aufrechterhalten wird.

Die poetische Co-Kreation in diesem Coaching ließ eine Vereinbarungserzählung entstehen. Sie half Herrn Ritter aus seiner Lähmung und ermöglichte ihm ein lustvolles Aufbrechen, das trotz allem den Respekt vor der Aufgabe nicht aufheben muss.

Anlässe für Coaching

Die neue Führungskraft

Es hat sich in vielen Unternehmen etabliert, neuen Führungskräften einen Coach an die Seite zu stellen. Wir befürworten das, denn der Neueinstieg ist »grundsätzlich krisenhaft, selbst wenn es sich schon um die zweite oder dritte Führungsposition für die jeweilige Führungskraft handelt« (Schreyögg, 2010, S. 118). Sowohl die neue Führungskraft als auch die Geführten können zu Beginn der neuen Konstellation nicht wissen, wie sich das gewohnte System verändern wird. Beide können nicht sicher sein, ob sie in ihren Stärken geschätzt und in ihren Schwächen toleriert werden. Neben der formellen existiert immer auch eine informelle Struktur, die mit dem Neueinstieg in Bewegung kommt. Schreyögg (ebd.) macht auf einige Faktoren aufmerksam, die im Coaching bei einem Neueinstieg untersucht werden sollten. Hier seien zwei davon genannt: die Art der Rekrutierung und die Situation des Vorgängers beziehungsweise der Vorgängerin. Wird die Führungskraft als Aufsteigerin rekrutiert, kommt sie aus der Organisation. Die Organisationskultur ist ihr vertraut. Gleichzeitig war sie früher Kollegin und der Rollenwechsel bringt eine neue Distanz mit sich. Die muss sowohl vom Team als auch von der neuen Führungskraft erlebt und akzeptiert werden. Gefühle von Trauer und Ausschlussängste werden oft thematisiert. Gehörte die Führungskraft noch bis vor Kurzem zum Team, ist nun in den Reihen der anderen Führungskräfte der Organisation ein neues Unterstützungssystem zu etablieren. Wird eine Führungskraft als Quereinsteigerin rekrutiert, kommt sie zwar aus dem Unternehmen, kennt aber die Abteilung beziehungsweise das Team nicht. Hier könnte es sein, dass die organisationskulturellen Besonderheiten der neuen Abteilung übersehen werden, wenn zu schnell von einer Vertrautheit ausgegangen wird. Für die ganz neu ins Unternehmen kommende Seiteneinsteigerin sind alle Aspekte der Organisationskultur neu. Die Analyse der Kultur der Organisation wird hier einer der Schwerpunkte im Coaching sein. Schreyögg schlägt vor, sich für die Situation des Vorgängers beziehungsweise der Vorgängerin der neuen Führungskraft zu interessieren. Je nachdem, ob der Vorgänger ein Pensionär, ein autoritärer oder vielleicht ein charismatischer Chef war, wird es mehr oder weniger leicht für die neue Führungskraft sein, neue Impulse einzubringen. Wir haben im Coaching oftmals erlebt, dass eine neue Führungskraft einer verstorbenen Person folgt. Das ist dynamisch zweifellos anspruchsvoll. Hier sind Trauerprozesse im Spiel, die durchaus denen in Familien gleichen können. Schreyögg spricht davon, dass sich alle neuen Leitungskräfte zunächst eine »sozio-emotionale Hausmacht« (ebd., S. 24) erarbeiten müssen, denn formell ist die Führungskraft zwar eingesetzt, ob die Kolleginnen ihr folgen, entscheiden sie selbst. Neue Führungskräfte sind oft in der Versuchung, sich zunächst in die Sachthemen zu vertiefen, um sich mit Fachkompetenz in der neuen Position zu etablieren. Deshalb sind sie meist eingestellt worden. Machtthemen werden erst dann in den Blick genommen, wenn es »im Gebälk knirscht«. Volk (2019, S. 61) dazu: »Das verkennt die Situation vollständig: Machtstrukturen sind nicht der Stolperstein auf der Straße, sondern umgekehrt die Straße selbst, auf der der Karren mit den Sachthemen transportiert werden muss.« Wir empfehlen daher im Coaching mit neuen Führungskräften zunächst die Verbundenheit der Kollegen mit der gemeinsamen Arbeitsaufgabe sowie die Dynamik im Team und in der Hierarchie zu erforschen. Neue Führungskräfte sollten sich am Anfang Zeit für Gespräche nehmen, um Vertrauen aufzubauen. Coaching-Sitzungen zur Vorbereitung auf diese Gespräche haben neben Übungen zum Perspektivwechsel auch Züge von Trainings. Aufbauend darauf können Strategien entwickelt werden, wie die eigenen Interessen in Bezug auf den Arbeitsauftrag der Führungskraft im mikropolitischen Feld der Organisation am besten durchgesetzt werden können.

Evolutionäre Entwicklung von Führungsverständnis

Die Kultur der Organisation, in der die neue Führungskraft ihre Arbeit aufnimmt, spielt eine große Rolle bei den Erwartungen an sie. Laloux (2015) hat in seinem Buch *Reinventing Organisations* eine interessante evolutionäre Entwicklung von Organisationstypen mit dem ihnen entsprechenden Modell von Führung beschrieben. Diese Organisationsmodelle bestehen in der Realität nicht in Reinform. Sie geben aber grundsätzlich eine Orientierung über Ausrichtungen. Der älteste Organisationstyp ist die *tribale impulsive Organisation*. Die Metapher für sie ist das Wolfsrudel. Eine starke Anführerin hält über Angstgebärden die Organisation zusammen. Wenn es uns nicht wie Billy Crystal im Film *Reine Nervensache* geht, in dem der Mafiaboss, gespielt von Robert De Niro, bei einem Therapeuten Hilfe sucht, werden wir wohl kaum im Coaching Führungskräfte aus diesen Organisationen antreffen. In *traditionell konformistischen Organisationen* gibt es stark formalisierte Rollen in einer hierarchischen Pyramide. Führungskräfte sollen vor allem für Stabilität und die Einhaltung von etablierten Prozessen sorgen. Beispiele sind das Militär, das über eine Befehlskette durchstrukturiert ist, die katholische Kirche oder das öffentliche Schulsystem. Im Coaching zeigt sich oft ein Spannungsfeld von streng hierarchischen Strukturen und Druck zur Veränderung.

In *modernen leistungsorientierten Organisationen* stehen Profit und Wachstum an oberster Stelle. Die Metapher ist die gut funktionierende Maschine. Beispiel dafür sind global agierende Konzerne, Mittelstandsbetriebe, auch Galerien, Werbeagenturen, Privatschulen usw. Führungskräfte sollen hier vor allem für einen reibungslosen Ablauf sorgen und rational und mit Sachverstand führen. Auf der anderen Seite brauchen die Unternehmen motivierte, mitdenkende Mitarbeitende. Den kommunikativen und emotionalen Kompetenzen der Führungskräfte wird daher in den letzten Jahrzehnten mehr Bedeutung zugeschrieben. Führungskräfte aus den modernen leistungsorientierten Organisationen treibt die Rollenfrage an: Was kann ich dafür tun, dass sich Mitarbeitende engagieren und gleichzeitig als Rädchen ins Getriebe einpassen?

In *postmodernen pluralistischen Organisationen* liegt der Fokus innerhalb einer klassischen Pyramidenstruktur auf einer Unternehmenskultur, die auf Gemeinschaft und Empowerment ausgerichtet ist. So sollen sich Mitarbeitende durch die Arbeit herausgefordert aber auch wohl fühlen und ihr volles Potenzial entfalten können. Führung versteht sich eher als Dienst für die Mitarbeitenden. Es geht beim Führen hauptsächlich darum, die Rahmenbedingungen zu schaffen, damit Mitarbeitende ihre Arbeit gut verrichten können. Als Metapher dient die Familie, die in klarer Hierarchie versucht, gut zusammenzuleben und jedem Familienmitglied Entfaltung zu ermöglichen. Beispiele sind Träger der Freien Jugendhilfe oder Kinder- und Schülerläden, die als Vereine oder als gemeinnützige GmbH organisiert sind. Herausfordernd für Führungskräfte in den postmodernen pluralistischen Organisationen ist, dass einerseits die Entscheidungsmacht in der

Hierarchie liegt und andererseits die Mitarbeitenden einbezogen werden sollen. Solche Entscheidungsprozesse brauchen in der Regel ihre Zeit.

In *integralen evolutionären Organisationsformen* soll effektives Arbeiten ohne hierarchische Strukturen ermöglicht werden. Die Organisationen sind in der Regel in Kreisform organisiert (Pfläging & Hermann, 2015). Entscheidungsprozesse werden auf der Basis von Rollen getroffen. Die Organisationen verstehen sich mit ihren selbstführenden Teams als agil, als lebende Systeme in ständiger Anpassung. (weitere Ausführungen dazu im Kapitel »Schöne neue Arbeitswelt«) Versuche einer kreisförmigen Organisation finden wir in Profitunternehmen und in Fachorganisationen im Gesundheits- oder Bildungswesen. Unabhängig davon, dass im Zusammenhang mit agilen Organisationen von der Hierarchielosigkeit gesprochen wird, gibt es auch in diesen Organisationen immer Menschen mit einer besonderen Verantwortung für das Ganze. Geschäftsführungen und Eigentümer haben in agilen Organisationen eine Containment-Aufgabe, nämlich die Arbeitsprinzipien einzuführen, sie umzusetzen und dauerhaft diesen »Raum zu halten«. Agilität braucht aus unserer Sicht, gerade weil es um ständige Bewegung und Anpassung geht, Führungspersonen, die starkes Vertrauen aufbauen können.

Führungskräfte kommen also aus sehr unterschiedlichen Unternehmenskulturen mit ihrem Wunsch nach Unterstützung ins Coaching. Als Coaches benötigen wir eine – wenn auch kritische – Loyalität gegenüber der Organisation und ihrem Arbeitsauftrag. Wir müssen uns mit der Organisation auch identifizieren können, sonst beginnen wir, »subversiv« (Pühl, 1998) zu arbeiten. Der Fokus im Coaching liegt nicht auf der Veränderung der Organisation, sondern darin, die Führungskraft zu unterstützen, ihre Selbstwirksamkeit zu stärken.

Führung in einem Satz

Die Frage, was eigentlich Führung ist, ist ein Dauerthema im Coaching von neuen Führungskräften. In der Literatur gibt es unübersichtlich viele Definitionen und Modelle. Wir haben bei Varga von Kibed (zitiert von Ferrari, 2012, S. 4) eine griffige Definition gefunden, die wir im Coaching gern nutzen, weil sie kurz und knapp die Komplexität erfasst: »Führung bedeutet, starke Entscheidungen unter schwierigen Bedingungen zu treffen und dabei Halt für andere zu geben – ohne Anspruch darauf zu erheben, es immer zu können.« Was eine Führungskraft von anderen Mitarbeitenden unterscheidet, ist ihre Befugnis, Entscheidungen zu treffen, auch wenn sie sich natürlich mit ihren Mitarbeitenden abspricht. Allerdings trifft eine Führungskraft permanent Entscheidungen, zum Beispiel wann sie ihre E-Mails lesen möchte, mit wem sie in der Mittagspause essen geht usw. Das sind sogenannte *schwache* Entscheidungen. Interessanter, weil weitreichender, sind *starke* Entscheidungen, weil sie in der Organisation umgesetzt werden sollen. Führungskräfte kommen oft ins Coaching mit der Frage: »Was kann ich tun, damit ich meine Anliegen in meinem Team beziehungsweise meiner Organisation wirksam durchsetzen kann?« Hier eröffnet sich das gesamte Themenfeld von Macht und Wirksamkeit. Starke Entscheidungen sollen nach der Definition in schwierigen Situationen getroffen werden. In einfachen Situationen könnten Mitarbeitende das selbst erledigen. Schwierige Situationen sind solche, in denen die Mitarbeitenden nicht selbst entscheiden können, weil sie nicht das Wissen, die Erfahrung oder die Fähigkeit haben. Nicht selten ist es so, dass Führungskräfte im Coaching darüber klagen, dass ihr Schreibtisch übervoll ist, dass sie die Aufgaben kaum bewältigen können. Abgesehen davon, dass es strukturelle Überforderungen gibt, ist eine Suchrichtung im Coaching, inwieweit Aufgaben und Entscheidungen delegiert werden könnten. Manchmal bedarf es dazu der Befähigung von Mitarbeitenden. Nicht selten kommt allerdings eine persönliche Haltung der Führungskraft zum Vorschein, die Dinge lieber selbst in die Hand nehmen zu wollen, damit sie dann auch »richtig erledigt« werden. Ein gewisser Perfektionismus ist dabei im Spiel. Unbewusste biografische Prägungen aus Familie, Schule und Berufsausbildung können hier erforscht werden.

Führungskräfte geben Halt und Orientierung, wenn sie für gute Arbeitsbeziehungen zwischen allen am Arbeitsprozess Beteiligten sorgen und ein sinnvoller Bezug zur Arbeitsaufgabe hergestellt werden kann. Halt kann »leichter gegeben werden, wo die Gesamtheit der Entscheidungen ein verständliches Bild zeichnet« (ebd., S. 15). Hier sind kommunikative Kompetenzen der Führungskraft gefragt, die im Coaching reflektiert und geschärft werden können. Entscheidungen sollten im besten Fall ganzheitlich kommuniziert werden, sodass Verstand, Herz und Hand angesprochen sind.

- Verstand: Ich verstehe als Mitarbeiterin die Zusammenhänge und Notwendigkeit der Entscheidung.
- Herz: Ich kann mich mit dem Anliegen ausreichend identifizieren.
- Hand: Ich fühle mich ausreichend kompetent, die nächsten Schritte zu gehen.

Um Halt und Orientierung für andere zu geben, braucht eine Führungskraft vor allem innere Orientierung und die Fähigkeit der Selbstregulation. Coaching kann dabei behilflich sein, diese zu finden und zu erhalten.

Immer wieder erleben wir im Coaching, wie Führungskräfte in Dilemmata geraten, wenn sie mit Entscheidungen von höheren Ebenen nicht oder nur teilweise übereinstimmen. Sowohl Loyalität gegenüber dem Unternehmen als auch Authentizität sind dann unter einen Hut zu bringen.

Beim Hand-Aspekt ist nicht der Anspruch erhoben, jederzeit alles umsetzen zu können. Ins Spiel kommen hier die begrenzten Entscheidungsspielräume. Im Coaching nehmen wir auch diesen Kontext immer wieder in den Blick. Ein begrenztes Budget, unzureichende Aushandlungen von unterschiedlichen Interessen in der Organisation oder nicht optimale Kompetenzen bei den Mitarbeitenden und bei der Führungskraft selbst führen dazu, dass nicht alles, was theoretisch möglich wäre, auch praktisch umgesetzt werden kann. Eine gute Mischung aus Motivation und Gelassenheit ist eine Führungskompetenz, die sich neu ernannte Führungskräfte im Coaching erarbeiten können.

Dilemmata im Coaching von Führungskräften

Wie oben bereits angedeutet, jonglieren alle Führungskräfte durch eine Vielzahl von Dilemmata. Das tun sie in der Regel eher intuitiv, kraftvoll entschlossen oder mit einem Gefühl von Unzulänglichkeit. Volk (2019, S. 58) bezeichnet Management als »die Kunst des sich rustikalen Durchwurstelns«. Die verschiedenen Abteilungen einer Organisation haben unterschiedliche Funktionslogiken. Das Controlling setzt auf Kostenreduzierung. Auf der anderen Seite benötigt Qualität Zeit, das heißt Geld. Das Qualitätsmanagement schaut auf möglichst effiziente Abläufe und die Personalabteilung auf die Gesunderhaltung der Mitarbeitenden. Organisationen sind in ihrer »funktionalen Differenzierung« (Zwack & Bossmann, 2017, S. 16) um diese Dilemmata herum organisiert. Die Autoren beziehen sich auf Fritz Simon: »Wenn es keinen logisch unentscheidbaren Dauerkonflikt gäbe, bräuchte man auch keine Organisation« (ebd., S. 18). Zu einem persönlichen Dilemma werden diese sich zum Teil widersprechenden Ansprüche, wenn sie von einer Person zeitgleich erfüllt werden müssen. Widerstrebende Anforderungen an Führungskräfte, die uns begegnen, sind zum Beispiel: »Sorge für Stabilität und Innovation!«, »Sei sparsam! – Liefere Qualität!«, »Lass dir Zeit! – Beeil dich!«, »Lege Ziele und Strategien fest – Geh mit dem Prozess!«, »Sei nahe an den Mitarbeitenden! – Distanziere dich!« usw. Wenn der strukturelle Hintergrund dieser Dilemmata nicht erkannt wird, dann besteht die Gefahr, dass die Spannungen personalisiert werden. Geschimpft wird auf die Finanzabteilung – wenn die nicht so sparen würden, dann gäbe es mehr Spielraum im Pädagogischen. Oder umgekehrt: Wenn die Pädagoginnen einfach ein bisschen Tempo machen würden mit ihren Klienten, dann wären nicht so hohe Investitionen nötig. Hier fehlt die wertschätzende Anerkennung des jeweils anderen Auftrages. Im Coaching kann ein Bewusstsein für die strukturell unauflösbare Widersprüchlichkeit eine erste Entlastung schaffen, wir nennen das »Normalisieren«. Das Spannungserleben, das bei der Erfüllung der widerstrebenden Anforderungen entsteht, muss nicht mehr nur auf die eigene Kappe genommen werden. Mit dem Einlassen auf unauflösbare Ambivalenzen – erfahrungsgemäß sind es eher Multivalenzen – kann sich die Führungskraft »vom naiven Realismus verabschieden und die Pluralität individueller und sozialer Wirklichkeitskonstruktionen akzeptieren« (Stahl & Fischer, 2013, S. 96). Es geht um ein »sowohl als auch« anstatt um ein »entweder oder«. Uns gefällt deshalb das Bild der Führungskraft als balancierende Seiltänzerin. »Diese Art der balancierenden (als Prozess) und balancierten (als Ergebnis) Führung erhöht die Handlungsmöglichkeiten einer Führungskraft, während ein Handeln im Entweder-oder alles notgedrungen auf die eine Option zuspitzt und damit übertreibt« (ebd., S. 98).

Fallbeispiel: Von der Schwierigkeit, Nähe und Distanz zu regulieren

Frau Nath fragt bei mir (KTB) ein Coaching an. Sie arbeitet als Schulleiterin in der Erwachsenenbildung. Es ist das erste Mal, dass sie die Funktion einer Leitung übernommen hat, und sie möchte etwas Sicherheit gewinnen in ihrer neuen Position. Frau Nath erzählt in der ersten Sitzung davon, dass sie mit viel Freude ihrer Arbeit nachgeht. Sie ist mit Herzblut Lehrerin und möchte nun als Leiterin ihren Kollegen und Kolleginnen unterstützend zur Seite stehen. Sie merkt allerdings, dass sie sich bereits nach kurzer Zeit in der Position als Leiterin sehr erschöpft fühlt. Ich bitte sie, mir von ihrem Arbeitsalltag zu erzählen. Mit fällt auf, dass sie mehrmals betont, dass sie nahe am Team sein wolle. Sie spricht auch davon, wie voll ihr Schreibtisch sei und dass sie kaum allen Anforderungen nachkommen könne. Am Ende ihrer Beschreibung sagt sie: »Ich möchte nahe am Team sein und muss mich aber auch distanzieren, um meine Arbeit machen zu können, sonst brenne ich wohl bald aus.« Die Notwendigkeit zur Distanzierung spricht sie fast traurig aus. Ich frage sie, was aus ihrer Sicht denn eine gute Leiterin wäre. Ich bin nicht überrascht, als sie sagt, es sei eine, die immer da ist für ihr Team und deren Tür »immer offen ist für alle«. Mich überfordert allein die Vorstellung, immer für alle da sein zu müssen, und ich habe den Impuls, dazu in Form einer kleinen Aufstellung mit ihr zu arbeiten, um Körpersensationen stärker einzubinden. Ich frage Frau Nath, ob sie zu ihrem gerade dargestellten Dilemma von Nähe und Distanz eine kleine Übung ausprobieren möchte. Sie ist einverstanden.

Ich klebe mit einem Tesaband eine Linie auf den Boden. An den Enden platziere ich gegenüberliegend zwei große runde Karteikarten als Bodenanker, einen beschriftet mit dem Wort Nähe, *den anderen mit dem Wort* Distanz. *Die Linie zwischen den Bodenankern stellt die Bewegungsmöglichkeiten zwischen Nähe und Distanz dar. Ich bitte sie, sich zunächst eine Seite auszusuchen und sich auf den Bodenanker zu stellen. Sie wählt die Nähe. Ich frage sie, wie es sich für sie anfühlt, ganz nah am Team zu sein. Spontan beschreibt sie es als wohlig. Sie spürt eine Wärme in sich, die sich im Körper ausgehend vom Bauch ausbreitet. Sie spürt weiter nach. Wir schweigen. Nach einer Weile sagt sie, dass es langsam ganz schön heiß werde hier auf der Stelle. Sie spürt ihre Überforderung als klopfendes Herz. »Ich kann es nicht allen recht machen«, sagt sie. Ich bitte sie, zur Seite zu treten. Wir besprechen nun, welchen Vorteil es für ihr Team hat, wenn sie nahe am Team ist. Sie stellt fest: Die einzelnen Lehrerinnen fühlen sich gesehen und wertgeschätzt. Sie könne sehr schnell Unterstützung geben, wenn Kollegen Fragen oder Unsicherheiten haben usw. Sie kann gut sehen, ob der Laden läuft. Dann frage ich sie, welchen Nachteil es auch haben könnte für ihr Team, wenn sie immer nahe dran wäre. Sie ist zunächst etwas überrascht über die Frage. Dann sagt sie: »Meine Kolleginnen ergreifen weniger die Eigenverantwortung. Vielleicht fühlen sich die Lehrer auch von mir zu stark beobachtet.« Ich bitte sie dann, sich auf den Bodenanker Distanz zu stellen und sich einzufühlen. Sie beschreibt, dass sich ihr Körper hier steif anfühlt. Es fehlt ihr der Kontakt zum Team. Sie fühlt sich einsam und irgendwie abgehoben. Auch hier bitte ich sie zur Seite zu treten und frage sie nach den Vor- und Nachteilen der Position. Frau Nath nennt als Vorteil Eigeninitiative, die gefordert wird, und Selbstwirksamkeit, die erlebt werden könnte, wenn sie nicht zur Verfügung stünde. Als Nachteil sieht sie eine Unverbundenheit und die Gefahr, dass sich Kolleginnen in überfordernden Situationen allein gelassen fühlen. Ich bitte sie nun, auf die Skala mit den Enden von Nähe und Distanz zu schauen und einen guten Platz für sich als Leiterin zu finden. Sie bewegt sich im mittleren Bereich hin und her und erspürt, dass es wohl keinen festen Platz gibt, da es unterschiedliche Situationen und Kollegen gibt. Abgerückt ist sie inzwischen von der Vorstellung, als Leitung ganz nahe am Team und für alle immer da sein zu müssen. Ein Pendeln zwischen Nähe und Distanz erscheint ihr angemessener. Sie spürt die innere Bewegungsfreiheit, die sie mit einem tiefen Atemzug unterstreicht. Frau Nath sieht die Parallele zum Anspruch des Lehrer-Teams, den Schülerinnen sowohl zur Seite zu stehen als auch ihnen Eigenverantwortung zu übergeben. Sie ist etwas überrascht, dass sie dieses ausgleichende Prinzip nun in der Position als Leiterin aus den Augen verloren und sich der Seite der Nähe verschrieben hatte, obwohl die Selbstständigkeit der Kollegen für sie ebenso ein hoher Wert ist. Frau Nath erzählt von ihrem biografischen Hintergrund, der ihre Schlagseite Richtung Nähe verständlich macht. Als Kind hörte sie oft die Aufforderung: »Kümmere dich um die anderen!« Eine Rüge stand an, wenn sie dem nicht folgte. Die Angst vor Ausschluss als »triadische Grundangst« (vgl. Kapitel »Triangulierung«) kommt hier ins Spiel. Das ist die persönliche Seite, die Frau Nath mit einbrachte.*

Im Coaching forschen wir immer auch auf organisationaler Ebene. Ich erfuhr, dass die Regulation von Nähe und Distanz auch eine Rolle in Frau Naths Beziehung zur nächsten Vorgesetztenebene spielte. Ihre Vorgesetzte sendete doppelte Botschaften wie »Nehmen Sie sich Zeit und fragen sie ruhig nach. Ich bin für Sie da!« versus »Stören Sie mich nicht und erledigen Sie Ihre Aufgabe bitte geräuschlos!« Im konkreten Erleben von Frau Nath signalisierte Ihre nächste Vorgesetzte Nähe und praktizierte Distanz. Im Laufe des Coachings stellte sich die unklare Regulation von Nähe und Distanz als ein Thema der Unternehmenskultur der Institution heraus.

Fallbeispiel: Führung in überkommenen Strukturen

Die Coachee, Frau Adam, Ende 40, kam mit dem Wunsch in die Beratung, ihre neue Rolle als Führungskraft in einem Verein der ambulanten Jugendhilfe zu klären und dabei begleitet zu werden (HP).

Als sie ihr Bild von der Organisation malte (s. dazu Kapitel »Interventionsstrategien«), wurde eindrücklich deutlich, dass es kaum Strukturen gab. Es wirkte auf den ersten Blick wie ein bunter Kindergarten, mit heiteren Farben und Menschen in kleinen Gruppen über das Bild verstreut. Ganz oben thronte der Geschäftsführer als Sonne. Nun muss man wissen, dass die Klientin erst seit gut einem Monat angestellt war und sich erst langsam vortastete, sodass sie über die Organisation nur begrenzte Informationen hatte. In der Art, wie Entscheidungen getroffen werden sollten, war deutlich, dass der Kollektivgeist aus den Gründerjahren noch lebendig war. So sollten möglichst alle wesentlichen Entscheidungen gemeinsam diskutiert und beschlossen werden. Da der Verein inzwischen auf über 80 Mitarbeitende angewachsen war, fühlten sich alle überfordert. Das Klima der Auseinandersetzungen wurde teilweise als durch untergründige Anfeindungen vergiftetet geschildert. Sie wusste, dass eine vorherige Organisationsanalyse die Strukturen als in höchstem Maße dysfunktional aufgedeckt hatte. Der charismatische Gründer und Geschäftsführer nahm dies zum Anlass, neue Strukturen einzuführen. Die Widerstände auf allen Seiten waren enorm, der Betriebsrat war nur in langen Verhandlungen bereit, das neue Konzept mitzutragen, die Mitarbeiterinnen und Mitarbeiter befürchteten die Beschneidung ihrer Freiräume.

Im Zuge dieser Umstrukturierung wurde Frau Adams Stelle als Leiterin eines Bereichs geschaffen. Zu ihren Aufgaben gehörte die fachliche Leitung der ca. 30 Mitarbeitenden. Die neue Rolle war noch in keiner Weise beschrieben, es gab nur die Idee, den einzelnen Bereichen mehr Kompetenzen zu geben und eine klare Verantwortungsstruktur zu implementieren. Die betroffenen Mitarbeitenden waren ihrer Einstellung gegenüber sehr ambivalent. Einerseits wünschten sie sich jemanden, der ihnen Halt und Orientierung gab, andererseits war da die Angst vor Bevormundung und Entmündigung durch eine sogenannte Fachfrau. Dennoch war das Misstrauen ihr gegenüber groß. Sie wollte die Vorbehalte auch nicht wegwischen und sah sogar eine Chance, sie produktiv zu nutzen, wenn es ihr gelingen würde, damit offen umzugehen.

Ich (HP) erzählte ihr von einer Passage aus dem Buch Hinter den Kulissen der Organisation *von Selvini-Palazzoli et al. (1984). Anhand von Fallanalysen schildern die Autoren, dass neue Rollen in Organisation oftmals nicht konkret beschrieben werden, vielmehr richten sich an die neue Position unausgesprochene diffuse Erwartungen. So war es auch in unserem Fall. Selvini-Palazzoli et al. konnten nachweisen, dass alle neuen Rollenträgerinnen in ihrer Aufgabe gescheitert sind, weil sie selbst ihre Aufgabe nicht konkretisiert haben. Um das zu verhindern, arbeiteten wir zuerst daran, wie es Frau Adam gelingen kann, ihre Rolle selbst zu gestalten und in der Organisation zu verankern.*

Um sich in dem Gestrüpp von Verführungen nicht zu verlieren und um ihren eigenen Platz in der Organisation zu finden, machte sie die Transpa-

renz ihrer Arbeit zur obersten Maxime. Dazu gehörte als erstes die Ausarbeitung ihrer Führungsvorstellungen und ihrer fachlichen Unterstützung der Mitarbeitenden, die sie dem Betriebsrat (BR) und Geschäftsführer zur Diskussion stellte. Zwar war der BR ihrer Meinung nach beeindruckt, blieb aber skeptisch, ohne ihren Thesen etwas entgegenstellen zu können. Damit war ein erster wichtiger Schritt in der Implementierung ihrer neuen Rolle gelungen.

Ohne den gesamten Prozess darzustellen, wollen wir eine typische Situation herausgreifen, und zwar die trianguläre Verortung in der Organisation. Leitungspersonen im mittleren Management, wie in diesem Falle, bekleiden eine Sandwichposition, die immer wieder ausbalanciert werden muss im Spannungsfeld destruktiver Bündnisse.

Frau Adam ist auf ein konstruktives Arbeitsbündnis mit ihren Untergebenen angewiesen und ebenso mit dem Geschäftsführer. Nun gab es im Rahmen der fortschreitenden Umstrukturierung einige unglückliche Aktionen des Geschäftsführers, die die Belegschaft in Aufruhr versetzten und die auch für Frau Adam schwer nachvollziehbar waren. Sie spürte, wie sie innerlich immer stärker an ihre Mitarbeitenden rückte und zum GF in Distanz. Auch ich spürte eine zunehmende Berührtheit und Nähe zu Frau Adam. Ich konnte ihre Kränkungen und ihren Ärger auf den Geschäftsführer gut nachvollziehen und auch bei mir registrierte ich ähnliche Gefühle wegen seiner Aktionen. Ich sagte Frau Adam, dass ich sie gut verstehen kann, gleichzeitig aber spüre, dass ich aus dem Dreieck falle, weil ich dabei bin, mich mit ihr gegen den Geschäftsführer zu verbünden.

Solche Bündnisverführungen in Organisationen sind aufgrund ihrer Komplexität Alltag. Sie werden erst dann zum Problem, wenn sie sich verfestigen und zu Spaltungen führen. Solange die Verwicklung wahrgenommen werden kann, besteht die Chance der Auflösung, die Chance, die Verwicklung in eine Ent-wicklung zu transformieren (dazu mehr in unserem Kapitel »Triangulierung«).

In der nächsten Coachingsitzung spielten wir durch, wie es wäre, wenn Frau Adam das Risiko eingehen würde, ihr inneres Erleben von zu großer Nähe zu den Kollegen zu veröffentlichen. Sie meinte, es sei für sie stimmig, so vorzugehen, und das Resultat war positiv. Zum einen konnte sie dadurch ihren Platz innerlich wieder in der Mitte finden und zum anderen war es möglich, mit den Kolleginnen zum Thema Bündnisse (im Sinne, sich gegen jemanden zusammenzuschließen) zu arbeiten. Denn auch sie waren ständig gefährdet, sich zu verbünden, meistens mit den Jugendlichen gegen die Eltern, die sie im Stich gelassen hatten.

Coaching als Organisationsberatung

Weil Coachingprozesse vermehrt verordnet werden, scheint uns eine Auseinandersetzung mit der Frage relevant, inwieweit Coaching mit Führungskräften direkten Einfluss auf Veränderungsprozesse in Organisationen hat. In dieser Richtung wurde unseres Wissens bisher wenig publiziert. Uns geht es darum, die Verbindung zwischen verordnetem Coaching und Organisationsentwicklung mit ihren Möglichkeiten und Grenzen aufzuzeigen. Astrid Schreyögg (2000) hat schon vor einiger Zeit gefragt, ob »Coaching eine Ergänzung oder Alternative zur Organisationsberatung« sein kann. Hier ging es um Coaching für das Top-Management und um Coaching auf freiwilliger Basis. Nach einer knappen Erläuterung grundlegender Voraussetzungen werden wir unser Anliegen anhand von zwei Fallvignetten verdeutlichen.

In einer frühen Studie zum Coaching hat Stefan Kühl (2006, S. 50f.) bezweifelt, dass Coaching in der Regel etwas für die Organisation bringt. »Die Chancen über Coaching, Veränderungen in der Funktionsweise von Organisationen zu erreichen, sind relativ gering.« Oder noch zugespitzter: »Coaching ist Trost für den Einzelnen und Placebo für die Organisation.« Wir werden das anhand der Beispiele überprüfen.

Fallbeispiel: Coaching-Mikado – erst eine, dann zwei, dann fünf

Durch Empfehlung eines Kollegen nahm der Geschäftsführer (mit Fach- und Dienstaufsicht) eines großen gemeinnützigen Vereins zur Betreuung Behinderter Kontakt mit uns auf. Das Erstgespräch fand zu dritt mit einer seiner Abteilungsleiterinnen statt. Im Sinne von Offenheit und Transparenz war uns dieses Arrangement sehr recht. Der Geschäftsführer berichtete, dass er sich Sorgen um die Mitarbeiterin mache, da im gerade abgeschlossenen Qualitätsaudit Verschiedenes in ihrem Bereich reklamiert worden war. Hinzu kam, dass es Klagen einzelner Mitarbeitender gab, die ihr mangelndes Leitungsver-

halten vorwarfen. Sie fühlten sich von ihr nicht ausreichend vor den Ämtern geschützt und bei Konflikten nicht ausreichend unterstützt. Auf unsere Frage an die Mitarbeiterin, wie sie die Empfehlung des Geschäftsführers sehe, meinte sie, sie habe keine andere Wahl, da das eine Verpflichtung sei. Der Vorgesetzte nickte diese Aussage ab und ergänzte, dass sie sich den Coach aber aussuchen könne. Da sie keinen kannte, wollte sie es mit mir (HP) versuchen.

Als Ziel des Coachings wurden folgende drei Punkte vom Geschäftsführer genannt:

- *Fragen zur Leitungsfunktion wie Personalanleitung,*
- *Rolle in der Bereichsleiterrunde,*
- *Arbeitsabläufe, Aufgaben- und Verantwortungsübernahme.*

Ich bat den Geschäftsführer, dies nochmal schriftlich festzuhalten. Nach fünf Sitzungen wurde ein Auswertungsgespräch in derselben Zusammensetzung vereinbart. Der Vorgesetzte sicherte zu, dass es ihm dabei nicht um Persönliches gehe.

Zum Kontext noch so viel: Die Mitarbeiterin war eine von fünf Abteilungsleiterinnen, die die zweite Hierarchieebene bildeten. Coaching war bis zu diesem Zeitpunkt in dieser Einrichtung ein Fremdwort, sie hatten allerdings als Leiterinnen eine regelmäßige externe Supervision.

Ich kürze jetzt stark und belasse es aus Platzgründen bei Stichworten. Wir arbeiteten in der beschriebenen Form, da sich ein tragfähiges Arbeitsbündnis herstellen ließ. Folgende Eckpunkte kristallisierten sich heraus:

- *Da ihr Arbeitsplatz nicht vor Ort angesiedelt war, sondern in der Verwaltung, war sie wenig präsent für ihre Mitarbeitenden, was sie als großes Manko empfand.*
- *Die Verteilung der Bereiche unter den fünf Leiterinnen wurde zwar von allen als nicht ausgewogen beurteilt, aber verändert wurde nichts; es blieb bei langen Diskussionen darüber in der externen Supervision und in der Leiterrunde mit dem Geschäftsführer.*
- *Den Geschäftsführer schilderte sie als launisch, unausgeglichen und hektisch, nie zuhörend. Vereinbarungen hielt er fast nie ein.*

Im Auswertungsgespräch mit dem Vorgesetzten brachte sie diese Punkte in großer Klarheit zur Sprache. Das Feedback des Geschäftsführers war tendenziell positiv, er erlebte die Kollegin stärker in der Führung ihrer Mitarbeitenden und konfliktfreudiger. Es wurden drei weitere Sitzungen zur Abrundung vereinbart.

Nach ca. einem Vierteljahr geschah das für mich Erstaunliche: Es meldete sich eine weitere Abteilungsleiterin. Sie hatte in der Abteilungsleiter-Supervision von der positiven Wirkung des Coachings gehört und wollte für sich auch eines. Der Geschäftsführer hatte dem schon zugestimmt. Und so ging es im Laufe des nächsten Jahres weiter, bis alle fünf Leiterinnen nacheinander ins Coaching kamen, jeweils mit Zustimmung des Geschäftsführers. Das Bild vom Leiter und der Einrichtung rundete sich für mich dadurch immer mehr ab. Deutlich wurde folgendes:

- ➢ *Der Geschäftsführer ist chaotisch in seiner Leitung, sprunghaft in der Setzung von Zielen. In knapp zwei Jahren steht seine Berentung an und eine Nachfolge ist nicht in Sicht. Ein institutionelles Tabuthema.*
- ➢ *Die ungleiche Verteilung der Bereiche konnte allerdings offen besprochen und verändert werden, nicht zuletzt dadurch, dass eine der Leiterinnen im Coaching zu dem Entschluss kam, ihre Leitungsstelle aufzugeben und wieder im Gruppendienst zu arbeiten.*

Während in den bisherigen Abteilungssitzungen mit dem Geschäftsführer solche Themen nie angesprochen wurden, waren die Mitarbeiterinnen nun mutiger und zogen die Köpfe bei Kritik nicht mehr ein, sondern versuchten, sich mit dem Geschäftsführer auseinanderzusetzen.

Daraufhin rief er bei uns im Institut an und bat um einen Workshop mit externer Leitung, um die Themen besprechen zu können. Erstmals gab es einen Rahmen, in dem die gegenseitigen Wünsche bzgl. Umgang miteinander und Formen der Kooperation besprochen werden konnten. Auch das bisherige Tabuthema des bevorstehenden Geschäftsführerwechsels hatte Raum. Letztlich wurde die Anbindung der externen Supervision für die Leiterinnen dahingehend verändert, dass zukünftig ein kontinuierlicher Austausch über strukturelle Dinge zwischen Supervisorin und Geschäftsführer stattfindet (so wie es eigentlich auch sein sollte). Denn bisher hatte sich die Supervision als »Quatschbude ohne Konsequenzen« erwiesen, wie es eine Abteilungsleiterin auf den Punkt brachte.

Günstige Bedingungen für Coaching mit Wirkung auf die Organisation sind u. a.:

- ➢ Dreieckskontrakt: Auftraggeberin – Coachee – Coach
- ➢ Gelingendes Arbeitsbündnis mit dem Auftraggebenden (und zwar nicht nur mit der Personalabteilung, sondern dem Dienstvorgesetzten) und mit dem Coachee

- Über die Beteiligung am Vorgespräch und Auswertung hinaus – Aktive Teilnahme der vorgesetzten Führungskraft

Wenn Stefan Kühl (2006, S. 48) in seinen kritischen Thesen zum Coaching feststellt, »Coaching ist individuell nützlich – mit wenig Einfluss auf die Organisation«, dann zeigt dieses Beispiel, dass es unter günstigen Bedingungen auch anders möglich ist. Günstige Bedingung konkret heißt, dass die Leitungsverantwortlichen als Beteiligte des Beratungssystems gewonnen werden können.

Außerdem: Organisationsentwicklung dient der »Verbesserung der Leistungsfähigkeit und Wirtschaftlichkeit der Organisation und der Verbesserung der Qualität des Arbeitslebens«. Wenn wir diese Definition von Organisationsentwicklung an den Fall anlegen, dann zeigen unseres Erachtens folgende drei Kriterien, dass dieses Coaching Organisationsprozesse angestoßen und verändert hat:

- Einbindung des Geschäftsführers in den Prozess: Workshop
- Thematisierung der offenen Geschäftsführer-Nachfolge
- Anbindung der externen Abteilungsleiter-Supervision

In einem anderen Fall kam die Coachinganfrage von einer Sozialpädagogin, die Beratung suchte, weil sie die Leitung einer vom Träger neuerworbenen Einrichtung übernehmen sollte. Bisher war sie Bereichsleiterin im Stammhaus und suchte nun Unterstützung, um ihre neue Rolle zu gestalten. Nach einigen Sitzungen stellten wir fest, dass die Rollengestaltung gar nicht ihr vorrangiges Thema ist, sondern vielmehr die Frage, wie sie die neu erworbene Einrichtung (mit negativem Image) in der Region gut verankern könne, wie sie den Kontakt zum Betriebsrat so gestalten könne, dass die Zufriedenheit der Mitarbeitenden sich verbessert, und welche Stakeholder sie als Unterstützerinnen gewinnen solle. Das waren nur einige Themen, denen sich die Coachee bei der Übernahme der Einrichtung stellen musste. Daraufhin veränderten wir den Kontrakt in »Organisationsberatung beziehungsweise Organisationsentwicklung« in dreistündige Sitzungen und passten das Honorar den gestiegenen Anforderungen an.

Wir denken, die Beispiele zeigen, dass sich aus einem rollenbezogenen Coaching prozesshaft ein organisationsbezogenes Coaching entwickeln kann. Wichtig ist in diesen Fällen, dass auch der Kontrakt entsprechend modifiziert wird.

Coaching mit Doppelspitzen als Konfliktcoaching

Die verantwortliche Leitung eines Bereichs oder einer Organisation als Doppelspitze ist eine besondere Herausforderung. Diese Doppelspitzenkonstellation finden wir in der Praxis in diesen Formen:

- zwei gleichberechtigte Leitungen, zum Beispiel Geschäftsführerin und Verwaltungsleitung,
- Leitung und Co-Leitung,
- Leitung und Abwesenheitsvertretung (bei Krankheit und Urlaub der Leitung).

Gerade in Beratungsstellen ist es üblich, dass die Leitung auch in die Klientenarbeit involviert ist, während die Stellvertreterin eine Abwesenheitsfunktion innehat. Im Kontakt mit dem Kollegium verwischen sich diese feinen Unterschiede, begünstigt durch den Anspruch beider, die Leitung gemeinsam zu gestalten. Schreyögg (2005, S. 67ff.) spricht in diesem Zusammenhang von »Quasi-Doppelspitzen«.

Konfliktauslöser sind meist struktureller Natur oder liegen auf einer tieferen Ebene auf Geschwister- oder Elternübertragungen (Schreyögg, 2005, S. 96f.). Letzteres thematisieren wir von uns aus nur sehr vorsichtig, zum Beispiel, wenn die Coachees das selbst anklingen lassen oder wenn wir den Eindruck haben, dass eine Verständigung auf der manifesten Ebene nicht zielführend ist. Dennoch gehen wir immer davon aus, dass tiefere Themen wirksam sind.

Bei Doppelspitzen ist ganz sicherlich der Wunsch nach Anerkennung und Bedeutsamkeit virulent. Den Fokus in diese Richtung zu verengen, würde aber bedeuten, eine genaue Konfliktanalyse zu vernachlässigen. Hier beleuchten wir

- den formalen Rahmen,
- die informellen Strukturen,
- die Organisationskultur,
- die organisatorischen Prozesse.

Ansonsten besteht die Gefahr der Psychologisierung unter Vernachlässigung der strukturellen Gegebenheiten – mit der Folge, dass sich die Protagonisten schuldig fühlen und mit dem Konflikt alleingelassen werden, ohne dass die Konfliktklärung den Blick auf die grundlegenden Strukturkonflikte freilegt.

In Konfliktfällen die Grenze zwischen *Coaching und Mediation* punktgenau zu markieren, ist nur theoretisch möglich. Die mediative vermittelnde und allparteiliche Haltung ist in Konfliktsituationen in der Praxis in jedem Falle viel hilfreicher. Für diese Fälle hat Schreyögg (2002) den Terminus »Konfliktcoaching« vorgeschlagen.

Bei hoch eskalierten und hierarchieübergreifenden Konflikten schlagen wir *Einzel-Vorgespräche* vor, um uns im vertrauten Rahmen ein tieferes Bild vom Konflikt machen zu können und um ein erstes zukunftsweisendes Arbeitsbündnis aufzubauen (Pühl, 2018, S. 63ff.).

Einzel-Vorgespräche sind vertraulich; sie bieten neben der Chance der gegenseitigen Kontaktstärkung einen Rahmen für die Klärung wichtiger Fragen zum Verfahren,

- um zu überlegen, ob nicht ein anderes Verfahren für das Anliegen erfolgversprechender wäre,
- um die Motivation zu überprüfen,
- für Informationen zum Kontext,
- über bisherige Lösungsversuche.

Im gemeinsamen Coachingsetting arbeiten wir weiter in Anlehnung an das Mediationsverfahren (vgl. Pühl, 2018), das heißt, jede Person hat erst mal den Raum, um ihre individuelle Sichtweise darzulegen (Konfliktdarstellung). Als Coaches hören wir aktiv zu (Genaueres dazu im Kapitel »Aktiv zuhören«). In der nächsten Phase geht es darum, die Wünsche, Bedürfnisse und Interessen freizulegen, die unter der manifesten Konfliktebene verborgen sind.

Doppelspitzen bei Start-ups unterliegen häufig einer besonders dynamischen Organisationsentwicklung. Die Komplexität erhöht sich, neue Kolleginnen kommen hinzu, die Rollen müssen neu ausgehandelt werden, Machtfragen stellen sich. Hinzu kann eine gewisse Ernüchterung in der Zusammenarbeit kommen, die Schreyögg (2005, S. 96) so erlebt hat, dass nach einer anfänglichen Phase des Sich-wunderbar-Verstehens nach einiger Zeit »geradezu mit Abscheu voneinander« geredet wird. Dabei »handelt es sich oft um Ambivalenzen, die aus Geschwisterbeziehungen resultieren« und die mit den gewachsenen strukturellen Anforderungen eine Verdichtung erfahren.

Fallbeispiel: Wenn die Chemie nicht stimmt

Im Folgenden geht es um einen Fall, in dem die Verkettung von Persönlichem und Strukturellem deutlich wird:

Zwei Pfarrern einer Kirchengemeinde wird von der Bischöfin dringend ein Coaching empfohlen. Anlass sind heftige persönliche Auseinandersetzungen auf einer gemeinsamen Sitzung. Beide willigen ein und melden sich telefonisch zum Coaching an. Im ersten Einzelkontakt lerne ich (HP) den dienstälteren Kollegen der Gemeinde, Herrn Matter, kennen. Er ist 60 Jahre alt, verheiratet und hat eine Tochter, sie leben zusammen im Pfarrhaus. Als er die Praxisräume im zweiten Stock betritt, bin ich entsetzt, er wirkt abgekämpft, ist außer Atem und blass. Nach einem Glas Wasser schildert er seine körperlichen Einschränkungen. »Aber das macht nichts!« Dann berichtet er über seine konflikthafte Beziehung zu seinem jüngeren Kollegen. Er ist fast zehn Jahre jünger und auch erst seit fünf Jahren in dieser Gemeinde aktiv. Er selbst ist schon seit Jahrzehnten in der Pfarrei tätig und hat wesentlich dazu beigetragen, dass die Gemeinde sich durch ein reges Gemeindeleben auszeichnet und viele sozial-ökologische Initiativen dort aktiv sind. Die Kooperation mit dem Kollegen ist so schwierig, da er sich an keine Abmachungen hält, sodass in allen Dingen er angesprochen wird. Ich bin noch mit der Eintrittssituation beschäftigt und frage ihn, ob die Beschwerden nicht auch psychosomatisch sein könnten wegen dieser Belastungen. Herr Matter verweist nochmals auf seine Beanspruchung in der Pfarrei. Psychotherapie kommt aber für ihn nicht infrage.

Das zweite Einzelgespräch findet mit Herrn Werner statt. Er wirkt dynamisch-alternativ. Schildert die Gemeinde als »Kampfplatz«, an dem auch der Gemeindekirchenrat (GKR) nicht unbeteiligt ist. Der GKR trifft alle wichtigen Entscheidungen über Schwerpunkte des Gemeindelebens und Gottesdienst, Haushalt, Bauaufgaben und Personal, steht also formell über den beiden Pfarrern. Doch Herr Werner hat die Erfahrung gemacht, dass er hier »kein Bein auf den Boden kriegt, denn alles ist fest in Händen des Kollegen«. Die Arbeit macht ihm grundsätzlich viel Freude. Auch er möchte die Beziehung zum Kollegen verbessern, damit es ihm besser geht und die Gemeinde nicht mit ihren Konflikten belastet wird.

Beide haben nach diesen Vorgesprächen in das Coaching eingewilligt, weil Übereinstimmung besteht, dass die Verbesserung ihrer Arbeitsbeziehung im Sinne der Gemeinde unbedingt nötig ist. Als sie das erste Mal zusammenkommen, kann ich mich nicht gegen meine spontane Assoziation wehren, da kämen »Pat und Patterchon«. Beide sind so unterschiedlich, als würden sie nicht zusammengehören. Die ersten Sitzungen kreisen um die Betonung der Unterschiede auf vielen Ebenen, bezüglich des Umgangs mit dem Personal und auch in liturgischen Ritualen.

Mühsam gelingt es, einige Absprachen darüber zu treffen, wie sie sich in bestimmten Dingen verhalten beziehungsweise wie sie sich am besten aus dem Wege gehen können, ohne das Bild eines gespaltenen Teams abzugeben. Letzteres hat sich dann auch im Coachingsetting gespiegelt, mal kam Herr Matter allein, weil der Kollege den Termin vergessen hatte, mal Herr Werner, weil Herr Matter krank war.

Das Coaching endete nach zehn Sitzungen mit einer Art »Waffenstillstandsvereinbarung« und der gegenseitigen Versicherung, »einfach nicht zusammenzupassen«.

Diese Doppelspitze war mit einer besonderen Hypothek belegt. Der alte Pfarrer hatte wegen seiner langjährigen Zugehörigkeit zur Gemeinde eine gewisse Hausmacht, die durch seine ständige Präsenz vor Ort – er wohnte mit seiner Familie im Pfarrhaus – noch begünstigt wurde. Was könnte es den beiden so schwer gemacht haben, einen kollegialen Weg zu finden? Letztlich wissen wir es nicht und bewegen uns im Reich der Hypothesen. Genannt haben wir als einen Faktor die strukturellen Voraussetzungen. Der »Alte« empfand die Veränderungen, die der »Neue« einführen wollte, als Affront. Aufgrund des Altersunterschieds können wir annehmen, dass wir es hier eher mit einer Elternübertragungsdynamik zu tun haben als mit einer Geschwisterrivalität. Damit der Neue eine Chance haben könnte, müsste der ältere Kollege von einigen Gewohnheiten ablassen. Wir wissen, wie schwer das ist. Und wenn dann noch das Gefühl fehlt, dass die Arbeit beim jüngeren Kollegen in guten Händen ist, ist die Basis einer vertrauensvollen Zusammenarbeit nicht ausreichend und die Trennung für beide der wohl beste Schritt.

Rachelust – Triebfeder für Organisationskonflikte

Uns werden im Coaching immer wieder Szenen mit mehr oder weniger starken persönlichen Verletzungen im Arbeitsalltag berichtet. Einige Beispiele machen das plastisch:

Die stellvertretende Leiterin eines ambulanten Pflegedienstes ärgert sich im Coaching über ihren Vorgesetzten, der auf einer Dienstbesprechung mit allen Mitarbeitenden des Unternehmens das von ihr ausgearbeitete Konzept zur Strukturänderung vorstellt und ihre Arbeit daran nicht erwähnt. Sie nimmt sich vor, in Zukunft die Kooperation mit ihm auf ein Minimum zu reduzieren. Der Pflegedienstleiter spürt in den folgenden Tagen die Zurückhaltung der Kollegin und bezeichnet ihr Verhalten als kindisch.

Der langjährigen Mitarbeiterin einer Galerie machte es in der Vergangenheit nichts aus, in Zeiten, in denen ihr besonderer Einsatz gebraucht wurde, Mehrarbeit zu leisten. Da ihre Kinder bereits aus dem Haus sind und ihr Mann ebenfalls flexible Arbeitszeiten hat, ließ sich das für sie gut organisieren. Nun plante sie mit ihrem Mann eine Reise zu ihrer silbernen Hochzeit und bat die Geschäftsführung um einige Urlaubstage. Sie wurden ihr nicht genehmigt, da an diesem Wochenende eine Ausstellungeröffnung stattfand. Sie schwor sich, ihren Einsatz für die Galerie in Zukunft zu minimieren.

Ein Mitarbeiter einer Immobilienfirma ist entsetzt über seinen Kollegen, der mit einem seiner Kunden den Verkauf einer Wohnung abschließt, ohne ihn darüber zu informieren. Er will es ihm demnächst heimzahlen.

Wir könnten hier noch einige weitere Situationen anführen und möglicherweise fallen der Leserin und dem Leser spontan ähnliche Szenen ein. Mikropraktiken der Rache sind im organisationalen Kontext keine Seltenheit. Allerdings scheint es nicht einfach zu sein, darüber ins Gespräch zu kommen. Vergeltungsgedanken bleiben in der Regel im Untergrund. Wie kommt es dazu? Eine These dazu, die wir für plausibel halten, liefert der Philosoph und Literaturwissenschaftler Fabian Bernhardt. Er bezeichnet die Rache als einen »blinden Fleck der Moderne« (Bernhardt, 2021, S. 7) und zeigt, wie mit der Einführung der gesetzlichen Strafjustiz ab der Mitte des 18. Jahrhunderts die Rache in eine tabuisierte Zone verbannt wurde. Denn ab nun galt: »Wo Rache ist, soll Recht werden« (ebd., S. 17). Recht zu sprechen ist in der Moderne ausschließliche Aufgabe von Gerichten, die mit ihren Buß- und Strafgeldkatalogen aber einer ökonomischen Logik folgen. Schauen wir auf die oben beschriebenen Verletzungsszenen in Organisationen, wird deutlich, dass wir es hier mit einer individuellen Spürgewissheit von Unrecht zu tun haben, dem mit dieser Art von Rechtsprechung nicht beizukommen ist. Denn es bewegt sich im Bereich der Legalität.

Bernhard zeigt auch, dass die Rache besser ist als ihr Ruf. Dafür erinnert er, im Rekurs auf die Arbeiten von Marcel Mauss und Marcell Hénaff, an das »Prinzip der Gabe«. Die Gabe wird hier als soziales Phänomen zum

Zweck der Beziehungsstärkung verstanden und beruht unabänderlich auf Gegenseitigkeit. Eine positive Gabe muss durch eine Gegengabe erwidert werden, anderenfalls wäre die soziale Bindung gefährdet. Gaben werden rituell übergeben und haben einen symbolischen Charakter. Eine Verletzung, Beschämung oder Tötung wird als eine negative Gabe verstanden und verlangt nach einer negativen Gegengabe. Es geht dabei vor allem um die Anerkennung der Schuld und die Wiederherstellung der Würde der Geschädigten. Die staatliche Rechtsprechung verfolgt im Gegensatz dazu das Anliegen, die Schuld im ökonomischen Sinn zu tilgen und damit die Tat aus der Welt zu schaffen. Die Anerkennung der moralischen Schuld spielt dabei keine Rolle. Mit diesem an der Logik der Ökonomie ausgerichteten Rechtssystem stehen uns keine gesellschaftlich anerkannten Praktiken für einen angemessenen Ausgleich moralischer Schuld zur Verfügung. Das scheint es Organisationen so schwer zu machen, mit Verletzungen, die nach geltender Rechtsprechung keine Fehltritte sind, umzugehen. Ferrari zitiert Varga von Kibeck: »Systeme werden durch eine angemessene Form des Ausgleichs stabilisiert.[...] Der eigentliche Ausgleich liegt stets in der Anerkennung der Ausgleichsverpflichtung« (Ferrari, 2011, S. 72f.). Einen Ausgleich zu leisten und gleichzeitig die Ausgleichsverpflichtung nicht anzuerkennen, entwürdigt »den Ausgleich zur bloßen Bezahlung« (ebd., S. 78). Aus den Erzählungen unserer Coachees können wir entnehmen, dass vor allem die Nicht-Anerkennung der Schuld Ärger, Enttäuschung und Trauer auslöst. Wenn Verletzungen besonders tief treffen, dann können Vergeltungsgedanken über lange Zeit dauern/beherrschend sein. Bernhard spricht von der Thermodynamik des Zorns. Zorn kann sich in der Hitze des Affekts entladen oder die Energie konservieren und mit kühler Berechnung später zutage treten. »Der kalte Zorn versteht sich aufs Warten« (Bernhard, 2021, S. 101). Wir haben eine ziemlich genaue Vorstellung davon, wie viel Energie, die eigentlich für die Erledigung der Arbeitsaufgabe aufgebracht werden könnte, hier gebunden wird. Hilfreich können wir als Coaches werden, wenn wir zunächst selbst anerkennen, dass Vergeltungsgedanken in Organisationen keine Seltenheit sind, wir ihnen Berechtigung einräumen und sie nicht innerlich moralisierend abweisen. Wir können außerdem einen Raum schaffen, in dem es unseren Coachees ermöglicht wird, die Kränkungen und Verletzungen zu verbalisieren. Das hat eine entlastende Wirkung und verhindert möglicherweise Eskalationen im konkreten Arbeitsalltag. Manchmal gelingt es uns, mit unseren Coachees Wege zu erarbeiten, die es ihnen erlauben, Kränkungen zu adressieren und sich damit aus der Opferrolle zu begeben. Manchmal ist es auch ausreichend zu bezeugen, dass Unrecht erlitten wurde, und unser Mitgefühl auszudrücken und auf diesem Weg eine gewisse Anerkennung zu schaffen (s. auch »Konfliktcoaching«).

Führen mit Coachingkompetenz

Die Vorstellung vom Coach als Führungskraft ist nicht unumstritten, da die Befürchtung damit einhergeht, dass Hierarchie- und Machtverhältnisse kaschiert werden. Im Zuge eines Führungsverständnisses, das besonders durch die Diskussion um flache Hierarchien populär geworden ist, ist der Ansatz »Führen mit Coachingkompetenz« deutlich enttabuisiert worden. Unsere Kundinnen bringen häufig Konfliktthemen ein, die sie mit Mitarbeitenden haben. Gefragt sind dann Softskills wie Kommunikations- und Konfliktklärungskompetenz.

Eine umfangreiche Studie (2009) zu den Konfliktkosten in Organisationen kommt zu dem Ergebnis, dass »30 bis 50% der wöchentlichen Arbeitszeit von Führungskräften direkt oder indirekt mit Reibungsverlusten, Konflikten und Konfliktfolgen verbracht wird« (ebd., S. 20). Wenn wir unseren Coachees diese Zahlen nennen, sind sie meistens überrascht, weil sie bei Konflikten nur an die Spitze vom Eisberg denken und dabei die indirekten Kosten und Aufwände außer Acht lassen: Aufwendungen bei *Mitarbeitendenfluktuation* zum Beispiel (Verlust von Wissensmanagement, Suche nach neuen Mitarbeitenden, Einarbeitung). Ein zweiter großer Block der betrieblichen Konfliktkosten entsteht durch *Krankheit und Fehlzeiten*. Zu den indirekten Kosten zählen Kundenfluktuation durch mangelhafte oder unzureichende Kommunikation gegenüber Kunden, ferner mangelnde Zusammenarbeit im (Projekt-)Team.

Günstig ist, wenn die Führungskraft zum Beispiel in einer Mediationsausbildung diese Softskills erfahren und erprobt hat. Ist das nicht der Fall, versuchen wir die Essentials in der Coachingsitzung zu vermitteln. Um erfolgversprechende konfliktklärende Gespräche zu führen, sind folgende Voraussetzungen für die Führungskraft sinnvoll:

- Sie braucht ein unbelastetes Verhältnis zu den Konfliktbeteiligten.
- Sie sollte nicht selbst am Konflikt beteiligt sein (ansonsten sollte eine andere (externe) Person tätig werden).
- Sie sollte vorab klären, wer die Konfliktbeteiligten sind.

- Sie lässt sich nur so viel vom Konflikt berichten, wie sie benötigt, um sich ein erstes Bild zu machen.
- Sie braucht einen ruhigen Raum für ungestörte Gespräche.

Um konfliktpräventiv tätig zu werden, ist es sinnvoll, eine Idee zu haben, wie Konflikte am Arbeitsplatz entstehen können. Honneth (1992) sieht im »Kampf um Anerkennung« einen grundlegenden Konfliktanlass, denn Anerkennung ist ein Grundbedürfnis im menschlichen Zusammenleben und -arbeiten. Der Kampf um Anerkennung findet meist subtil und verdeckt statt, er ist eingewoben in die alltägliche Kommunikation. Daraus ergibt sich, dass »ein sozialer Konflikt die Nichthinnahme eines gestörten Anerkennungsverhältnisses ist« (Fechler, 2014, S. 28f.). Der aktuelle Anerkennungsstatus wirkt sich direkt auf unser Gefühlsleben aus:

- Wie stehen die anderen beziehungsweise der andere zu mir?
- Werde ich korrekt behandelt?
- Bekomme ich das, was mir zusteht?
- Fühle ich mich angenommen?

Fechler (2014) spricht von der Anerkennungshierarchie im Arbeitsleben. Die Nichtwürdigung potenziert sich in der Reihenfolge von oben nach unten, das heißt, auf die Würdigung der Leistung in Form der Entlohnung legen die Mitarbeitenden den höchsten Wert:

- Leistung (Bezahlung),
- Erbrachte Opfer und besondere Anstrengungen,
- Zeitliche Reihenfolge des Hinzukommens zum System (Neueinstiger nicht bevorzugen),
- Zugehörigkeit zum System (wird die Führungskraft anerkannt),
- Anerkennung dessen, was ist (Prinzip der Nicht-Leugnung, z. B. Alkoholismus).

Ein weiterer nicht zu unterschätzender Konflikttreiber sind subjektiv empfundene Kränkungen. Wir hören in diesem Zusammenhang oft Sätze wie »Er hat mich gekränkt!« Nun wissen wir, dass es sich dabei meist um Triggerpunkte handelt, die vom Kollegen berührt wurden und die ihre tiefere Ursache in der Vergangenheit haben. Bewusst ist das den Betroffenen nicht, und so entwickeln sich allzu schnell Konflikteskalationen. Wenn es sich um zwei Mitarbeitende handelt, versucht jede Partei auf der guten Seite zu stehen und die andere Seite zu verurteilen. Und damit schließt sich der

Kreis und wir sind wieder beim Kampf um Anerkennung, diesmal auf der Suche nach der Unschuldsseite.

Auch an dieser Stelle plädieren wir dafür, Konflikte nicht nur zu personalisieren. Wir gehen davon aus, dass Konflikte in Organisationen immer einen Strukturanteil haben, der sehr unterschiedlich sein kann. Wirksam sein kann die spezifische Kultur der Organisation, z. B. wie mit Fehlern umgegangen wird oder welche Werte von besonderer Bedeutung sind, z. B. Profit- versus Mitarbeiterorientierung.

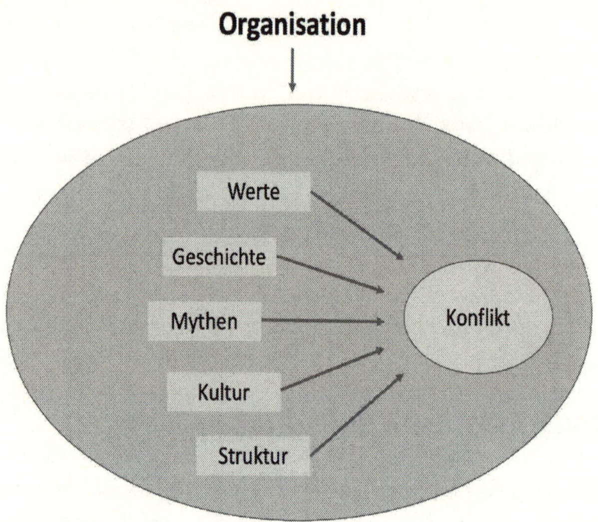

Abb. 12: Strukturelle Konfliktgebundenheit

Für die Praxis heißt das, diese Ebene im Auge zu haben, um die Konfliktbeteiligten selbstredend als Beteiligte, aber nicht als Schuldige zu sehen. Systemisch gesprochen, drücken sie eine Störung im System aus.

Die Vorstellung, Konflikte könne man verhindern, ist illusorisch. Was möglich ist, ist sie frühzeitig zu erkennen und, wenn sie entstehen, konstruktiv mit ihnen umzugehen, ohne nach Schuldigen zu suchen. Konflikte eskalieren in Organisationskulturen, die keine Fehlerkultur haben. Ein Beitrag zur Verbesserung beziehungsweise Etablierung einer Konfliktkultur sind Supervision für die Teams und Coaching für die Führungskräfte. Gute Erfahrungen haben wir mit Inhouse-Seminaren zum Thema Konfliktmanagement gemacht.

Krisen im Coaching

Change und seine Folgen

Die Organisationen, in denen unsere Coachees arbeiten, sind in einer ständigen Bewegung, die überlebensnotwendig für ihr Fortbestehen und für ihre Weiterentwicklung ist. Die Familientherapeutin Virginia Satir (2015) unterscheidet bestimmte Phasen in Veränderungsprozessen, die inzwischen auch auf den Kontext von Arbeit übertragen werden. Zustände des Gleichgewichts können durch Impulse Irritationen erfahren. Diese Irritationen gilt es auszuhalten, um dann das Neue nach und nach zu integrieren und allmählich zu etablieren. Was wir erleben, ist, dass die Veränderungsgeschwindigkeit in den Unternehmen ein bisher nicht gekanntes Tempo angenommen hat. Die Rede vom Change ist inzwischen so normal geworden wie das wiederkehrende Weihnachtsfest; Momente der Stabilisierung sind kaum wahrnehmbar. Während sich die Organisation dabei den Markterfordernissen anpasst, führt diese Form einer kulturellen Erschütterung bei den Mitarbeitenden zu mehr oder weniger tiefen Verwundungen und Krisen. Positionen verschieben sich, Zuständigkeiten werden entzogen, neue kommen hinzu, Bindungen an vertraute Kolleginnen lösen sich auf, aus Kollegialität wird Konkurrenz, Selbstwirksamkeit verwandelt sich in Selbstzweifel, Lebensziele verflüssigen sich. Dazu schreibt Irvin Yalom (2010, S. 543):

> »[D]er Glaube, dass ein Leben ohne Zielerfüllung unvollständig sei, ist nicht so sehr eine tragische existenzielle Tatsache des Lebens, sondern ein westlicher Mythos, ein kulturelles Artefakt. Die östliche Welt ist niemals davon ausgegangen, dass es einen ›Zweck‹ im Leben gibt oder dass dies ein Problem ist, das man lösen muss; stattdessen ist das Leben ein Geheimnis, das gelebt werden muss.«

Fallbeispiel: Krise nach einem Changeprozess

Frau Borst ist Betroffene eines solchen Changeprozesses. Zusammen mit einer Kollegin hat sie viele Jahre lang gleichberechtigt Projekte initiiert und durchgeführt. Sie kommt zum Coaching (HP), da sich an ihrer Position Grundlegendes verändert hat. Die Organisation, in der sie tätig ist, ist ein gemeinnütziger Verein, der formal von einem ehrenamtlichen Vorstand geleitet wird. Wie es in diesen kleinen Organisationen üblich ist, liegt die Fachkompetenz in den Händen der Mitarbeitenden, manchmal steht ihnen ein Geschäftsführer vor. Die Vereinsstruktur schreibt einen Vorstand vor, der formal zwar der Arbeitgeber ist, sich im Alltag aber eher als (ehrenamtlicher) Repräsentant für die gute Sache versteht, als die Geschäfte zu leiten beziehungsweise zu überprüfen.

In diesem Falle fühlte sich der neu gewählte Vorstand mit der Aufgabe überfordert und wünschte sich eine klare Verantwortungsstruktur für den Verein. Ausgewählt hatte man eine Kollegin von Frau Borst. Für sie war das eine schwere Kränkung, da beide bisher auf Augenhöhe »den Laden geschmissen« hatten. Mit der übertragenen Aufgabe veränderte sich das Verhalten der Kollegin grundlegend, sie erstellte Stellenpläne, legte Aufgabenbereiche fest und dergleichen, wobei sie immer propagierte, dass sie doch weiterhin mit ihr wie bisher zusammenarbeiten wolle.

Schon in der ersten Sitzung äußerte meine Coachee ihre tiefe Enttäuschung und Wut auf die Kollegin und den Vorstand. Am liebsten wolle sie alles hinschmeißen und kündigen. Aufgrund ihrer guten Vernetzung und ihrer jahrelangen Erfahrung würde sie schon etwas anderes finden. Ihr Wunsch für das Coaching war, dennoch zu eruieren, ob es noch Möglichkeiten der Einwirkung gäbe. In die nächste Sitzung kam sie etwas entspannter, ihren spontanen Kündigungswunsch hatte sie erstmal zurückgestellt. Denn ihre persönliche Situation ließ ihr keinen Spielraum für Experimente. Sie hatte eine kranke Tochter, die ihre ganze Aufmerksamkeit und Unterstützung dringend brauchte. Ihr Mann war zwar auch präsent, durch seine Arbeit aber auch stark gefordert. So fühlte sie sich gebunden.

Wir konnten herausarbeiten, dass darin auch eine Chance liegen könne, nämlich nicht zu flüchten, sondern die Trauer und Enttäuschung zu bearbeiten. Als emanzipierte Frau würde es nicht zu ihr passen, den Platz so kampflos zu räumen. Stattdessen wollte sie erst einmal zu eruieren, welche Stellschrauben es gibt, eventuell doch noch zu retten, was zu retten ist. So gelang es ihr in mehreren konfrontativen Gesprächen mit der Kollegin, die wir vorher mittels der Stuhlübung (s. Kapitel »Interventionen«) durchgespielt hatten, für sich Arbeitsgebiete zu sichern, für die sie brannte.

Von Tätern und Opfern

In vielen Fällen sind unsere Coachees in eine persönlich schwierige Lage geraten. Ihnen gebührt unser Mitgefühl. Der unausgesprochene Wunsch unserer Klientinnen wird sein, wir mögen an ihrer Seite stehen, sie in ihrem Leid verstehen, sie trösten oder gar bedauern, dass es ihnen so schlecht geht. Das Eis ist dünn zwischen An-der-Seite-Stehen und ihre-Sichtweise-eins-zu-eins-Teilen. Es stellt sich für den Coach nach einer Zeit des Teilens die Frage, ob er sich bewegen und andere Sichtweisen anbieten kann. Die Coachees wünschen in ihrer Not oftmals ungeteilte Parteilichkeit mit der eigenen Wahrnehmung, oft in Richtung »die anderen sind schuld – ich bin das Opfer«. Ihre Erzählungen machen nachvollziehbar, dass die Verhältnisse Züge von Willkür, Vorsätzlichkeit und Ungerechtigkeit aufweisen. Gründe genug, die Klientinnen zu trösten und in ihrem Leid zu verstehen. Doch wie lange ist das hilfreich, wann ist der Energievorrat aufgebraucht? Und wann wird aus Anteilnahme ein Bündnis, das unsere Bewegungsfreiheit einschränkt? (s. Kapitel »Triangulierung«) Es gab Situationen, in denen ich (HP) merkte, dass ich im einfühlenden Verständnis für die Not des Anderen innerlich immer näher an meine Coachees gerückt bin. Geholfen hat mir hier das »Prinzip Antwort« (Heigl, 1978), indem ich sagte: »Ich habe das Gefühl, ich rücke Ihnen innerlich immer näher, bald sitze ich auf Ihrem Schoß.« Die Reaktionen des Gegenübers waren meist positiv. Gewöhnlich lächelten sie und unser Kontakt war durch die Distanzierung deutlich energiegeladener. Es gab jedoch auch ärgerlich-wütende Reaktionen mit Abbruchdrohungen. Möglicherweise war der Arbeitskontakt in diesen Situationen (noch) nicht ausreichend stabil.

Wenn es nicht gelingt, aus dieser Opferdynamik auszusteigen, befinden wir uns schnell mitten im »Drama-Dreieck«, wie es Eric Berne (2005) in seinem Konzept der Transaktionsanalyse entwickelt hat. Drei sich ergänzende – und auch wechselnde –Rollen sind hier konstitutiv: das Opfer, der Täter und der Retter. Obermeyer und Pühl (2015, S. 215) schreiben dazu:

> »Das *Opfer* sieht sich in der vermeintlich ›schwachen‹ Position. Es übernimmt die Rolle als passives Opfer, indem es sich selbst als machtlos erlebt

und die anderen beiden Rollen im Drama-Dreieck als mächtig. Der Gewinn dieser Rolle ist, dass man klagen darf und die anderen für sein Leid verantwortlich macht. Da man sich selbst nicht in der Lage sieht die Situation zu ändern, gibt das Opfer die gesamte Verantwortung für sein Handeln und dessen Folgen an andere ab. Die Spaltungsdynamiken in Opfer-Täter, schuldig-unschuldig, stark-schwach haben immer zur Folge, dass der vermeintlich Unterlegene einen Gutteil seiner vitalen Energie an den vermeintlichen Überlegenen abgibt und ihm selbst so die nötige Veränderungsenergie fehlt.

Der *Retter* im Drama-Dreieck ist der vermeintlich ›Gute‹. Der Berater reagiert auf die Hilferufe des Opfers und greift helfend als Verbündeter ein – und beraubt sich somit ebenfalls eines guten Stücks seiner potenziellen Wirkungsmacht.

Der *Verfolger* im Drama-Dreieck ist der vermeintlich ›Mächtige‹ (z.B. die Unternehmensleitung). Es scheint als wolle er das Opfer bestrafen oder zur Rechenschaft ziehen.

Wenn alle in ihren Rollen bleiben, dreht sich das Rad unaufhörlich und wird für alle Beteiligten zunehmend zu einer unveränderbaren Realität. Die Furche, in der das Drama läuft, wird immer tiefer und der Ausstieg immer schwerer.

Wir beobachten solche Dynamiken in mehr oder weniger starker Ausprägung in sehr vielen Organisationen, vornehmlich als ›institutionelles Grundjammern‹.

Dabei spielt es keine Rolle, auf welche Funktionsgruppe wir schauen. Aber in ihrer Bedeutung lassen sich gravierende Unterschiede beobachten. Während die Führungsebene Einsparungen durch ihr Jammern zu legitimieren versucht, verhindern die Mitarbeitenden in den Teams mit dem Jammern jede Auseinandersetzung über Veränderungen und entziehen sich so ihrer Verantwortung.«

Das Bild des Drama-Dreiecks hilft manchmal auch den Coachees, die eingefahrene Spur des Opfers zu verlassen, die Verhältnisse zu betrauern und so neue Energie zu tanken. Unsere Idee ist, dass die Coachees im Laufe der Beratung aus dem Drama-Dreieck aussteigen und ihre Täterinnen-Seite freilegen sollten. Täter dann im wörtlichen Sinne gemeint. In »Täter« steckt das schöne Wort »tun«, und genau darum geht es – wieder ins Tun zu kommen. Die Opferhaltung ist ein Energiefresser und kann mit ziemlicher Sicherheit in die Depression oder ins Burn-out führen. Lohre (2019) spricht gar vom Opfer als dem neuen Helden.

Manchmal ist auch die Frage hilfreich, wie die Coachees in der Vergangenheit dramatische Krisen und Brüche im (Arbeits-)Leben bewältigt haben. Statt guter Ratschläge kann das reine Dabeisein sehr heilsam wirken (vgl. Bettelheim, 1978).

Sinnkrisen im Coaching

Bekanntlich sind persönliche beziehungsweise berufliche Krisen der Anlass, dass Berufstätige Coaching in Anspruch nehmen. Krisen sind problematisch sich zuspitzende Entwicklungen, die oft mit existenziellen Ängsten und Gefühlen der Aussichtslosigkeit einhergehen. Dabei können die Auslöser externe psychosoziale Anlässe sein wie

- Verlust des Arbeitsplatzes,
- Umstrukturierung: neues Arbeitsgebiet, schlechtere Position, Verlust der Teamstruktur,
- neue Unternehmenskultur,
- Führungs- und Wertewechsel,
- Sinnkrisen »change it or leave it«,
- Tod eines Angehörigen,
- Trennung einer Beziehung,
- Krankheit.

Begleitet werden die Einbrüche zuerst mit Gefühlen von Scham und dem Gefühl, das Leid nicht teilen zu können, da es so einzigartig ist. Gefühle der Isolation stellen sich ein. Erich Fromm ging davon aus, dass die Isolation eine Quelle der Angst ist, einhergehend mit Gefühlen der Hilflosigkeit und dem grundlegenden Gefühl des Abgetrenntseins.

> »Die Erfahrung dieses Abgetrenntseins erregt Angst, ja sie ist tatsächlich die Quelle aller Angst. Abgetrennt sein heißt abgeschnitten sein ohne jede Möglichkeit, die eigenen Kräfte zu nutzen. Daher heißt abgetrennt sein hilflos sein, unfähig sein, die Welt – Dinge wie Menschen – mit eigenen Kräften zu erfassen; es heißt, dass die Welt über mich herfallen kann, ohne dass ich in der Lage bin, darauf zu reagieren« (Fromm, 1981, S. 18).

Erste Bewältigungsversuche können Verleugnung und Bagatellisierung sein (»es wird schon vorübergehen«). Da diese Strategie meist nicht lange erfolgreich ist, führt sie zum Rückzug (»mich versteht sowieso keiner«). Erst wenn weitere individuelle Lösungsversuche keine Besserung bringen und die Not eingestanden werden kann oder von Personen der Umgebung (Kolleginnen, Vorgesetzte, Partner) wahrgenommen wird, kann Coaching in Anspruch genommen werden.

Fallbeispiel: Wenn die Ehekrise zur Arbeitskrise wird

Ich (HP) denke an Herrn Lauter, einen 45-jährigen Teamleiter in einem Industriebetrieb. Er fragt auf Empfehlung nach Coaching, da es ihm sehr schlecht geht und er nicht weiß, wie es weitergehen soll. Als Anlass nennt er den Trennungswunsch seiner Frau, mit der er seit zehn Jahren verheiratet ist; sie haben zwei Kinder zusammen, sechs und acht Jahre alt. Als Grund für die Trennung nennt seine Frau, dass sie sich entfremdet hätten. Hinzu kommt, dass seit dieser offenen Krise vor zwei Monaten auch massive Probleme in seiner Arbeit entstanden sind. Ihm sind Fehler unterlaufen, die zu Schäden in den Arbeitsabläufen geführt haben. Er ist, obwohl für seine Zuverlässigkeit bekannt, einige Male zu spät oder gar nicht zur Arbeit erschienen. Sein Vorgesetzter, zu dem er durch die gemeinsamen Jahre ein vertrauensvolles Verhältnis ausgebaut hat, hat trotz der Vorkommnisse »beide Augen zugedrückt«. Nun ist aber eine Eskalationsstufe erreicht, die den Vorgesetzten zum Handeln zwingt: Entweder er begibt sich umgehend in Behandlung oder es müssen Sanktionen erfolgen.

In diesem verzweifelten Zustand kommt er in die erste Sitzung und berichtet mir seine aktuelle Gefühlssituation. Es hört sich an wie eine tiefgehende Sinnkrise. Ich spüre seine große Verzweiflung, aus der er keinen direkten Ausweg sieht. Als er berichtet, dass er gestern beim Psychiater war, fühle ich Entlastung. Dieser habe ihm Psychopharmaka verschrieben, er wisse aber nicht, ob es gut sei, sie zu nehmen, wegen der Nebenwirkungen. Er fragt mich um Rat. Nun bin ich kein Arzt, dennoch habe ich ihm erzählt, dass ich einige Zeit als Teamleiter in einer ambulanten Psychiatrieeinrichtung gearbeitet habe und dort die Erfahrung gemacht habe, dass Psychopharmaka durchaus hilfreich sein können, um eine Krise abzumildern. Die Entscheidung müsse er aber allein für sich treffen. Eine Restunsicherheit bleibt bei mir, ob das nicht eine fachliche Grenzüberschreitung war. Wäre er nicht in psychiatrischer Behandlung gewesen, hätte ich unsere Zusammenkünfte nicht fortgesetzt, sondern ihm Adressen von Krisendiensten gegeben und ihn gebeten, sich dort hinzuwenden. So aber gab es ein dünnes Netz, das meines Erachtens ausreichend trug. Er berichtete dann noch, dass er sich auch schon vor ein paar Wochen um einen Psychotherapieplatz beworben habe und in vier Wochen die Aussicht habe, einen zu bekommen. Wir haben uns auf dieser Grundlage für ein Coaching als Krisenüberbrückung verständigt, und zwar auf Sitzungen in wöchentlichem Rhythmus bis zu seinem Therapiebeginn. Herr Lauter war jetzt krankgeschrieben. Die Zeit haben wir genutzt, um einige Dinge zu ordnen, zum Beispiel, wie er Kontakt zu seinem Chef und seinen Teammitarbeitenden halten kann und ebenso zu seiner Frau und den Kindern, von denen er getrennt lebt. Ich hatte ein gutes Gefühl, ihn hier über die Lücke begleitet zu haben, war aber ebenso froh, als er in fachliche Hände kam und dass nicht jeder Fall so herausfordernd ist.

Nun ist dies kein alltäglicher Fall aus unserer Praxis. Typisch ist dennoch, wie berufliche Krisen das Persönliche berühren und umgekehrt das Persönliche sich negativ auf die Arbeitsfähigkeit niederschlägt. Selbstzweifel und Scham engen die Bewegungsmöglichkeiten und Sichtweisen ein, ein Ausweg scheint in zugespitzten Situationen unmöglich. Wie im Fallbeispiel vermutlich deutlich wurde, kann es im Coaching nicht um die schnelle Lösung gehen, das wäre illusorisch. Wir können den Coachees das Leiden nicht abnehmen. Manchmal hilft schon das Normalisieren, zum Beispiel: »Ja, so ist es, wenn …«, das heißt, dem Leiden seine Normalität zurückzugeben. Unsere Haltung zeichnet sich durch präsentes Dabeisein aus, durch Begleitung, die mitfühlt, ohne die Coachees in der Opferrolle zu binden. Auch hier wird verständlich, dass wir eher Tool-skeptisch sind, denn Methoden können schnell zur schützenden Wand zwischen Coach und Coachee werden, um Hilflosigkeit abzuwehren.

Tränen und Trauer im Coaching

Aus unseren Ausbildungen kennen wir die Befürchtung unserer Ausbildungskandidaten, aus Unerfahrenheit Punkte bei den Coachees zu berühren, die starke Emotionen wie Weinen auslösen könnten. Eine antizipierte Mischung aus Schuldgefühlen, Hilflosigkeit und Ansteckung scheint diese Befürchtung im intimen Zweiersetting zu nähren. Gutjahr und Möller (2022, S. 212) machen auf den interaktionellen Charakter des Weinens aufmerksam: »Wenn Tränen fließen, ist es nahezu unmöglich, sie zu ignorieren. Sie können gewissermaßen als ›Ersatzsprache‹ angesehen werden, die unmissverständliche Botschaften sendet und eine Signalwirkung in der

Interaktion hat.« Spontan reagieren die meisten Menschen auf Weinen mit dem Impuls, zu trösten oder abzulenken. Nach dem Motto: Es ist doch alles nicht so schlimm. Eilig werden gute Lösungen für das Problem offeriert. All diese Reaktionen dienen dazu, die emotionale Szene rasch zu beenden. Besonders brisant scheint es, wenn Trauer und Tränen sich im Kontext von Arbeit zeigen, ein Bereich, der auch heute noch eher mit Rationalität in Verbindung gebracht wird (vgl. Haubl, 2018). Gutjahr und Möller haben die Thematik des Weinens näher gefasst und hilfreiche Interventionen für die Coaches benannt. Sie unterscheiden zwischen Form und Modus des Weinens. Die vier Formen emotionalen Weinens sind:

- Protest,
- Überforderung,
- Trauer und
- Positiv-berührt-Sein.

Dem Weinen aus Protest geht in der Regel eine Kränkung wie eine Versetzung oder eine nicht erfolgte Beförderung voraus, die bisher von der Coachee nicht integriert werden konnte. Wir erleben diese Kränkungen nicht selten, allerdings weniger verbunden mit Tränen, eher mit dem Wunsch, wir mögen den Unmut zustimmend bekräftigen. Viel öfter begegnen uns Tränen aus Überforderung. Viele unserer Coachees sind erschöpft vom Pensum ihrer Arbeit. Oft hören wir den Satz: »Ich weiß gar nicht, wie ich meine Arbeit noch schaffen soll!« Diese Coachees haben meist einen hohen Anspruch an ihre eigene Arbeitsleistung. In aller Regel übersteigt ihr Arbeitspensum die zur Verfügung stehende Arbeitszeit. Es fällt ihnen schwer, Arbeitsaufträge auszuschlagen. Der strukturelle Hintergrund wird übersehen und das Problem personalisiert, nach dem Motto: »Wenn ich mich nur genug anstrenge, dann könnte es gelingen.« Ungelöste Konflikte sind ebenso vielfach Grund für das Gefühl von Überforderung. Diese Coachees erleben wir oft hilflos in ihrem Weinen. Die dritte Form des Weinens ist die Trauer. Sie ist in einem Verlust begründet. Das kann ein Projekt sein, dass dem Coachee besonders am Herzen lag, aber auch der Verlust von Kolleginnen oder Klienten durch Ausstieg oder Tod. Trauer erleben wir meist still. Tränen fließen im Coaching auch aus einem Positiv-berührt-Sein. Die Coachees sind dann angetan durch das Erleben von Verbundenheit oder Schönheit. Gutjahr und Möller (ebd., S. 217) unterscheiden weitere zwei Modi des Weinens: unterdrückend und überflutend.

Daran, wie wir unsere Coachees erleben, richten wir unsere Interventionen aus. Grundsätzlich gilt, dass wir in Krisensituationen stabilisierend arbeiten. Wir tragen zur Beruhigung und Entlastung bei und arbeiten daran, dass unsere Coachees wieder Zugang zu ihren Ressourcen erhalten. *Neutralisierung* (ebd., S. 218) des starken Affektes ist hier Ziel unserer Interventionen. Haben wir den Eindruck, dass unsere Coachees ihre Emotionen unterdrücken, dann könnte es hilfreich für die Coachees sein, wenn die Coach das thematisiert. Nach dem Prinzip Antwort (siehe auch Kapitel »Triangulierung«) könnten wir formulieren: »Ich spüre ein Berührtsein und gleichzeitig, als ob das hier keinen Platz finden kann. Können Sie etwas damit anfangen?« Manchmal nehmen wir im Modus des Unterdrückens auch eine Diskrepanz zwischen dem, was erzählt wird, und der Mimik unserer Coachees wahr. Hier könnten wir sagen: »Sie erzählen eine für mich traurige Begebenheit und gleichzeitig nehme ich ein Lächeln bei Ihnen wahr. Ich erlebe das als eine Diskrepanz. Spricht Sie das an?« Über das *Thematisieren* (ebd., S. 218) ebnen wir einen Weg für die Coachees, Emotionen zuzulassen. Nicht selten ist es so, dass erst nach unserer Rückmeldung der Zugang zu den eigenen Emotionen gelingt. Da wir wissen, dass es entlastend sein kann, sich im Coaching Trauer und Enttäuschung »von der Seele« zu reden, intervenieren wir nicht selten mit *Zurückhaltung* (ebd., S. 218). Auch wenn Tränen zunächst spontan und im Modus der Überflutung erscheinen, ebben sie oft im Laufe des Erzählens ab.

Die Ängste unserer Ausbildungskandidatinnen, von denen wir anfangs sprachen, betreffen auch die Angst, von den Emotionen der Coachees selbst überwältigt zu werden. Die weinende Coach scheint ein Sinnbild für Unprofessionalität zu sein. Gutjahr und Möller zitieren in ihren Ausführungen eine Untersuchung im Kontext von Psychotherapie, in der bis zu 87,4% der Therapeutinnen und Therapeuten angaben, bereits während ihrer Arbeit geweint zu haben (ebd., S. 221). Das Weinen hatte nach Aussagen der Therapeutinnen keine negativen Auswirkungen auf die Beziehung zwischen Patienten und Therapeutinnen. Untersuchungen im Bereich von Coaching sind uns nicht bekannt. Allerdings kennen auch wir Szenen, in denen uns die Geschichten unserer Coachees nahegingen.

Fallbeispiel: Krankheit und Arbeit

Die Leiterin einer pädagogischen Einrichtung kommt über Jahre regelmäßig ins Coaching, um ihre Leitungstätigkeit zu reflektieren. Sie ist eine energiegeladene Frau, die, wie sie sagt, für ihre Einrichtung lebt. Zum ersten Mal in der Zeit, in der ich (KTB) sie begleite, hatte sie überraschend einen längeren Krankheitsausfall über mehrere Monate. Im Coaching nach dieser langen Pause möchte sie mit mir klären, wie sie nun Verpasstes aufarbeiten kann. Mir scheint ihre Art aktivistisch und ich frage sie, wie es ihr nach ihrer langen Krankheit jetzt geht. Sie verstummt. Schweigen breitet sich aus. Zurückhaltung meinerseits scheint eine passende Intervention. Nach einer Weile beginnt sie zu erzählen. Eine nicht heilbare Krankheit wurde bei ihr diagnostiziert. Diese Diagnose hat sie in eine tiefe Krise gestürzt. Sie fühle sich körperlich erschöpft. Schwerbeschädigung wurde ihr attestiert. Sie erlebe eine tiefe Sinnkrise, weil absehbar sei, dass sie ihre Arbeit so nicht fortsetzen könne. Sie beginnt leise zu weinen. Mich berührt ihre Erzählung. Ich spüre Tränen in meinen Augen. Das Teilen ihrer Schwermut und Angst hat für sie entlastenden Wert. Zum ersten Mal finden ihre Gefühle im Kontext von Arbeit Platz. Mein »begleitendes Weinen« (ebd., S. 221) tut ihr gut, wie sie sagt. Wir erarbeiten, dass möglicherweise auch ihr Team bereits hinter ihrem Aktivismus die Mühsal erahnt, die hinter der Aufrechterhaltung des alten Bildes von ihr steht. Mein Mitgefühl ermutigt sie, ihre Situation mit ihrem Team zu besprechen.

Das Beispiel zeigt, dass die Interventionen des Coaches von vielen Faktoren beeinflusst werden und es keine »Handreichung« geben kann, wie mit Trauer und Tränen umzugehen ist. Wir empfehlen jedem Coach dringend, sich seinen Zugang zum Weinen durch folgende Fragen bewusst zu machen: Wie geht es mir als Coach mit dem Thema Trauer und Tränen? Welche Gefühle lösen Tränen in mir aus? Was sind meine ersten Impulse? Maßgeblich geht es darum, durch eine Klärung in der Lage zu sein, den Coachees einen Raum zu öffnen, in dem Trauer und Tränen Platz finden. In unseren Praxisräumen gehören Taschentücher zur Grundausstattung und sind jederzeit in Reichweite.

Wenn im Coaching die Paardynamik die Überhand gewinnt

Die folgenden Beispiele sind nicht repräsentativ für unsere Beratungspraxis. Sie sind dennoch interessant, da es sich bei beiden Coachees um beratungsunerfahrene Kundinnen aus einem ebenso beratungsfernen Milieu handelt. Von Beginn an legten sie großen Wert darauf, dass einzig ihr berufliches Handeln Thema des Coachings sein solle. Auch wenn es zu unserer Haltung gehört, die Coachees ganzheitlich zu sehen und entsprechend Arbeit und Leben als miteinander verwoben zu behandeln, setzt das die Bereitschaft der Ratsuchenden voraus. Die beiden Beispiele illustrieren anschaulich, welchen Lauf die Dynamik nehmen kann, wenn der sogenannte private Teil ausgeklammert bleiben soll.

Fallbeispiel: Machtverhältnisse im Orchester

Die Musikerin (Mitte 30) eines freien Orchesters wünscht ein Coaching. Im Vorgespräch schildert sie ihre Situation als ausgesprochen belastend, da sie mit der »Ersten Geige« ein sehr angespanntes Verhältnis hat, sie selbst spielt die »Zweite Geige« und ist auf ein gutes Zusammenspiel mit dem Kollegen angewiesen. Dieser behandelt sie grob, verletzt sie bis hin zum Ignorieren. Hinzu kommt, dass das Orchester sich selbst finanzieren muss; so kam es in letzter Zeit schon häufiger vor, dass sie bei Auftritten nicht berücksichtigt wurde.

In den folgenden Coachingsitzungen zeigt sich, dass die Machtverhältnisse im Orchester sehr ausgeprägt und zugleich undurchsichtig sind. Der Erste Geiger ist mit dem Orchesterleiter sehr gut befreundet und hat über diesen Kanal großen Einfluss auf die Gestaltung. Obwohl alle Musiker feste freie Mitarbeitende sind, haben sie keinen Einfluss auf Entscheidungen. Die Atmosphäre insgesamt ist ausgesprochen eisig, über Konflikte spricht keiner der Kolleginnen. Jeder und jede macht die Sache so gut es geht, Kommunikation untereinander wird kleingeschrieben. Trotzdem ist das Orchester insgesamt aber durchaus erfolgreich. Die Coachee klagt über zunehmende Angstzustände und Schlafstörungen. Trotzdem sind ihre Leistungen ohne Tadel, auch wenn sie das Spiel zunehmend anstrengt.

Wir versuchen, an ihren Beziehungen zu den beiden Männern zu arbeiten, dem Orchesterleiter und vor allem der »Ersten Geige«. Alle Versuche eines Transfers von Rollentausch (s. Kapitel »Interventionen«) in die Praxis scheitern kläglich. Sie schildert den Kollegen wie einen monolithischen Block, an dem alles abprallt. Alle Versuche einer Kontaktaufnahme zu ihm an den Probetagen versanden im Nichts.

Ich (HP) spüre zunehmend meine Hilflosigkeit und sehe keine Perspektive mehr. Überlegungen, das Orchester zu wechseln, sind ebenfalls ergebnislos, zum einen, weil es nur wenige profitable Orchester gibt, und zum anderen, weil die Art ihrer Musik sehr spezifisch ist und sie von daher hier die Kompetenzen optimal anbringen kann. Auch ein zwischenzeitlich begonnener Yoga-

kurs brachte ihr keine Entspannung. Sie kann nach wie vor nicht abschalten und sagt, dass ihre Verunsicherung eher zu- als abgenommen habe.

Als all die Veränderungsversuche keine neue Perspektive eröffnen, traue ich mich, sie zu fragen, ob des Rätsels Lösung unter Umständen an ihrem Verhältnis zu den Männern liegt, denn es fällt ja auf, dass in ihren Beschreibungen nur die beiden Männer auftauchen. Vorab versicherte sie, dass die Stimmung im Orchester zwar immer angespannt sei, sie aber den Eindruck habe, dass nur sie diesen massiven Konflikt mit den beiden habe.

Sie ist entsetzt über meine Frage. Das könne gar nicht sein, denn zu ihrem Vater habe sie ein gutes Verhältnis und zu ihrem Mann ebenfalls. So verabschieden wir uns in leicht gereizter Stimmung. Die folgende Sitzung eröffnet sie mit den Worten: »Nach der letzten Sitzung habe ich meinen Mann gefragt, wie es ihm eigentlich mit mir geht. Da wir zwei Kinder haben, kommen wir selten dazu, in Ruhe über uns zu sprechen. Dann sagte mein Mann, dass er schon lange mit unserer Beziehung unzufrieden sei. Ich war darüber sehr überrascht. Und wir haben uns die ganze Nacht unterhalten mit dem Ergebnis, dass wir eine Paartherapie machen möchten, um unsere Konflikte zu klären.«

Über diese Wendung war ich über alle Maßen überrascht, hatte sie mir doch immer versichert, dass zu Hause alles in Ordnung sei. Ich hatte eher Bedenken, ob sie meine Frage nach ihren Männerbeziehungen nicht als Grenzüberschreitung erlebt hatte, und war auf entsprechenden Ärger in der nächsten Sitzung eingestellt gewesen.

Fallbeispiel: Zerrissen zwischen Beruf und Ehe

Der Ingenieur (Mitte 50) eines großen international tätigen Netzwerkes wünschte ein Coaching, um seine Position in der Teilhabergesellschaft zu reflektieren und zu verbessern. Dazu muss man folgendes wissen: Alle international tätigen Mitarbeitenden sind Gesellschafter, werden aber leistungsbezogen bezahlt. Vor einem Jahr war er auf Wunsch der Kolleginnen und Kollegen in diese Niederlassung gewechselt und machte sich große Hoffnungen, hier ein besseres Arbeitsfeld zu finden. Dafür nahm er auch in Kauf zu pendeln, denn seine Frau blieb im gemeinsamen Haus wohnen und konnte wegen ihrer Selbstständigkeit nicht mitziehen. Die neuen Kollegen kannte er durch gemeinsame Meetings. Das Besondere seiner Position war, dass er im Gegensatz zu den Kolleginnen selbst kaum Aufträge akquirieren konnte. Vielmehr war sein Aufgabengebiet nachrangig positioniert, sodass er auf Empfehlungen und die Weiterleitung seiner Kollegen angewiesen war. Er galt als ausgewiesen gewissenhaft und genoss in der Niederlassung hohes Ansehen, gleichwohl klappte es mit der Vermittlung der Aufträge nur sehr schleppend. Er beobachtete, dass Kolleginnen versuchten, ihre Kunden zu halten und die Aufgaben lieber selber zu übernehmen, auch wenn sie eigentlich nicht in ihr primäres Aufgabengebiet fielen. Er vermutete, dass die Kolleginnen Angst hatten, die Kunden zu verlieren, wenn sie bei ihm »hängenblieben«, denn jede Kundin und jeder Kunde bedeutete eine höhere Prämie und meist auch lukrative Folgeaufträge.

Im Coaching spielten wir (HP) Möglichkeiten durch, wie er in Einzelgesprächen mit relevanten Kolleginnen und Kollegen und in ihren Meetings seine Akquisition verbessern und die Angst aus dem Wege räumen konnte, dass er den Kolleginnen die Aufträge »wegschnappe«. Dies war teilweise erfolgreich, aber unterm Strich unbefriedigend. Er wohnte in der neuen Umgebung fast spartanisch in einer kleinen Wohnung, arbeitete jeden Tag zehn bis zwölf Stunden zumeist theoretisch, da sein Aufgabengebiet ständige Anpassung an neue Standards erforderte. Die prämienbringenden Aufträge blieben auf niedrigem Niveau. Er fühlte sich trotz aller Anstrengungen nicht besser ins Kollegium eingebunden.

In den bisherigen Gesprächen signalisierte er mir deutlich, dass er über sein Privatleben nicht sprechen wolle, der Fokus solle auf seiner Rollenverbesserung liegen. Als wir nach einigen Sitzungen allerdings nicht so recht in dieser Richtung weiterkamen, schlug ich ihm vor, doch mal zu erzählen, wie es ihm eigentlich in seiner Wohnumgebung gehe, da ich mir sein provisorisches Leben nicht recht vorstellen konnte. Anfangs etwas widerwillig schilderte er seine Situation noch mal ausführlich. Dabei wurde er immer nachdenklicher. Seine Frau sah ihn nur an seinen wenigen freien Wochenenden, wenn er abgespannt nach Hause kam, was ihm zusehends Unbehagen bereitete. Er war heimatlos geworden, nicht nur zerrieben zwischen zwei Städten, sondern vor allem im eigenen Unternehmen.

Nun begann er verstärkt Gespräche mit seiner Frau zu führen und musste erfahren, dass sie unter der Situation litt, ihrerseits aber keine Chancen sah, etwas zu verändern, denn ihre Selbstständigkeit aufzugeben und in die andere Stadt zu ziehen, hätte für sie Entwurzelung bedeutet und wäre deshalb keine realistische Option. So spielte er jetzt im Coaching alternative Möglichkeiten durch, sowohl seinen Standort und auch die bisher geschätzte Gesellschaft zu verlassen. Im Zuge dessen nahm er mit einem Headhunter Kontakt auf, um eine neue Position in der Nähe seiner Frau zu finden. Die Würfel waren gefallen, die privaten Optionen hatten die Oberhand gewonnen und das Coaching konnte zu seiner Zufriedenheit beendet werden.

Spezifikum beider Coachings war, dass beide Coachees versuchten, den Fokus auf ihre Arbeit zu begrenzen und alles darüber Hinausgehende anfangs ausklammerten. Erst als es gelang, auf dieser schmalen Schiene ein tragfähiges Arbeitsbündnis herzustellen und dabei den Wunsch nach Begrenzung zu akzeptieren, war eine Veränderung möglich. Von mir (HP) war dieser Wechsel angstbesetzt, weil ich befürchtete, der Kontakt könnte abbrechen, weil die Coachees die Erweiterung auf den Nichtarbeitsbereich als Grenzverletzung erleben könnten. In beiden geschilderten Fällen war dies jedoch nicht der Fall.

Für das Coaching in solchen Fällen scheint uns wichtig zu sein, dass die zuerst gelegte schmale Spur wohlwollend akzeptiert werden muss, bis das Arbeitsbündnis so weit gefestigt ist, dass angstbesetzte Themen angesprochen werden können. Das erfordert vom Coach Fingerspitzengefühl und das Wahrnehmen der eigenen Angst, wodurch ein neuer Raum eröffnet werden kann.

Für eine Einschätzung der Ergebnisse der beiden Beratungen bietet sich als Folie die Sichtweise von Ferdinand Buer (2009, S. 61) an, die er für die »Sinnfindung in der Arbeit durch verantwortetes Streben nach Glück« aufstellt. Gute Arbeit ist für ihn dann gute Arbeit, »wenn sie auch bei den Arbeitenden Glücksgefühle auslöst.« Dies ist genau die Krux bei den beiden Coachees. In Maßen bekommen sie die nötige Anerkennung, jedoch im eigenen Umfeld nur in begrenztem Maße. Die Musikerin wird von den Kolleginnen geschätzt und wird immer wieder eingesetzt, aber vom Kapellmeister geschnitten. Der Ingenieur wird auch geschätzt, aber nur begrenzt mit Aufträgen bedacht. So können sich ihre »Glücksgefühle« nicht ausreichend entfalten und sie kommen deshalb ins Coaching. Als alle Versuche scheitern, auf das jeweilige Arbeitsumfeld verändernd einzuwirken, sehen beide nur die Möglichkeit, außerhalb nach Veränderungen Ausschau zu halten. Inwieweit die Einwirkungspotenz der Beteiligten in ihrer Persönlichkeit zu suchen ist, bleibt in diesen Fällen offen. Bei der Musikerin könnte man vermuten, dass ihre Entscheidung für eine Paartherapie relevante persönliche Anteile am Konflikt symbolisiert. Der Ingenieur wagt den Schritt, sich privat zu verändern und zudem eine Institution zu finden, in der seine Kompetenzen abgefragt werden. Um nicht in das Fahrwasser vorschneller Pathologisierung zu geraten: In beiden Fällen sind die jeweiligen Institutionen am vorgefundenen Dilemma beteiligt: Es ist ihnen nicht gelungen, Rahmenbedingungen zu schaffen, in der die Mitarbeiter »mit ihrer Arbeit jenseits aller Hochs und Tiefs im Grunde glücklich sein können« wie Buer (ebd., S. 62) so schön formuliert. Das sind die Grenzen »personenorientierter Beratung« (Kühl, 2006), an die das Coaching in diesen Fällen gestoßen ist.

Besondere Settings im Coaching

Die Corona-Pandemie-Maßnahmen haben zu einem regelrechten Online-Beratungsboom geführt und damit viele Vorbehalte gegen diese Form von Beratung abgebaut und einer differenzierteren Betrachtung Platz gemacht.

Wir unterscheiden drei Online-Formate:

- videobasiertes Coaching,
- Telefon-Coaching und
- schriftbasiertes Coaching.

Das Besondere dieser drei Formate ist, dass sie »...räumlich Abwesende, die physisch füreinander nicht erreichbar sind [verbinden]« (Thiery, 2022, S. 4). Ein Coaching in Präsenz ist ortsgebunden und bedeutet für Coachee oder Coach, sich auf einen mehr oder weniger weiten Weg zu machen. Das braucht Zeit. Zeit ist in der Regel ein knappes und kostbares Gut.

Videobasiertes Coaching

Das Video-Coaching ist wohl das Format, das in letzter Zeit besonders an Popularität gewonnen hat. Es ermöglicht einen Kontakt, der dem Präsenz-Coaching scheinbar am nächsten kommt. Coach und Coachee begegnen sich zwar ortsunabhängig, aber zeitlich synchron. Allerdings wird »nicht mit einem anwesenden Gegenüber (kommuniziert), sondern mit einer Maschine. [...] Trotz des Dazwischentretens digitaler Technik« können sich Coach und Coachee aber sehen und unmittelbar aufeinander reagieren. (ebd., S 4) Für uns war es als Anfänger zunächst gewöhnungsbedürftig, dass es nicht möglich ist, sich per Video in die Augen zu schauen. Außerdem haben wir es nicht selten erlebt, dass der digitale Kontakt zu unseren Coachees im Laufe des Gesprächs aufgrund unzureichender Verbindung abbrach oder die Sprache unverständlich wurde. Das macht dieses Format bis heute auch fragil. Trotz allem schätzen wir beide auch die Vorteile. In der Regel sind es einzelne Termine mit uns bekannten Coachees, die wir videobasiert durchführen, weil es dadurch einfacher ist, einen Termin zu finden oder es Gesprächsbedarf gibt, während unsere Coachees sich auf einer Dienstreise befinden. Für besonders geeignet halten wir das videobasierte Coaching auch bei Dreiergesprächen, zum Beispiel in der Auftragsklärung mit Coachee und Auftraggeberin. Für manche Coachees, für die nur das Online-Setting infrage kommt, ist es wichtig, einmal den Coach gesehen zu haben. Noch sind es allerdings wenige Aufträge, die wir ausschließlich videobasiert arbeiten. Wir vermuten, dass sich der Trend zum videobasierten Coaching mit voranschreitender Digitalisierung verstärken wird.

Telefon-Coaching

Mit Telefon-Coaching haben wir schon lange gute Erfahrungen gemacht,

- sowohl mit Menschen, die wir persönlich nicht kennengelernt haben (zum Beispiel mit einem Entwicklungshelfer in Nigeria)
- oder mit Kunden, die bisher präsent waren und den Wohnort gewechselt haben,
- oder in spontanen Krisensituationen – ein Telefontermin findet sich manchmal leichter als eine persönliche Verabredung.

Telefon-Coaching kann ebenso wie das videobasierte Coaching ortsunabhängig geführt werden. Das *Telefon-Gespräch* zwischen zwei Personen schafft nach unseren Erfahrungen eine ungeahnt dichte Atmosphäre. Man kann sich ganz auf die Coachee konzentrieren, ihre Stimme und Schwankungen in der Tonierung. Ablenkungen durch Äußerlichkeiten entfallen ebenso wie Gerüche und dergleichen, unsere Kanäle sind frei für intuitive Einfälle. Aus diesen Gründen halten wir die Form des Telefon-Coachings für unterschätzt. Für manche Kundinnen ist es wichtig, das erste Gespräch per Video oder in Präsenz zu führen, um einen »persönlichen« Eindruck von der Beraterin oder dem Berater zu gewinnen. Dem kommen wir gern nach.

Schriftbasiertes Coaching

Beim schriftbasierten Coaching findet der Austausch ausschließlich in einem geschützten Mailprogramm statt. Damit ist diese Art des Coachings sowohl orts- als auch zeitunabhängig. Zeitversetzt antwortet die Coach auf den Coachee innerhalb einer verabredeten Zeit. Es ist wie das uns aus vergangenen Zeiten bekannte Briefeschreiben. Die Asynchronität des schriftbasierten Coachings erlaubt ein Formen und Verwerfen von Gedanken. Denn wer schreibt, sieht sich beim Denken zu. Coach und Coachee erhalten jeweils das Konzentrat der Gedanken. Aus unserer Erfahrung kommen Coach und Coachee im schriftbasierten Coaching sehr schnell auf den Punkt. Das Besondere am schriftbasierten Coaching ist, dass es sich auch für Coachees anbietet, die lieber anonym bleiben wollen. Allerdings ist unsere Erfahrung, dass das seltener vorkommt. Anonymität wird in der Regel bei sehr brisanten und schambesetzten Themen bevorzugt. Schriftbasierte anonyme Beratung ist daher bisher eher ein Setting der psychosozialen Beratung. Unsere Herzen schlagen unterschiedlich stark für das schriftbasierte Coaching. Eine von uns (KTB) schätzt besonders die Entschleunigung beim Schreiben und die analytische Arbeit mit dem Text. Die Beratungsarbeit erhält in diesem Setting besonders spürbar auch poetische Züge.

Online-Coaching ist keine neue Methode, sondern Coaching in einem anderen Setting, in das bekannte Methoden des Coachings übertragen werden. Die im Kapitel »Interventionen« beschriebenen Methoden kommen auch hier zum Einsatz. Das Bild der Organisation kann zum Beispiel an einem Flipchart gezeichnet werden, wenn es gleichzeitig von der Videokamera erfasst wird. Die Arbeit mit einer zweiten Kamera ist ebenso möglich. Beim schriftbasierten Coaching bitten wir unsere Coachees, ein Bild zu zeichnen und es im Anhang mitzuschicken. Auch im Online-Coaching starten wir oft mit zwei Minuten Stille. Inzwischen gibt es einige Unternehmen auf dem Markt, die Tools für die Online-Beratung anbieten.

Internes Coaching

In einigen größeren Organisationen sind interne Coaches angestellt, entweder mit einem Teil ihrer Dienstzeit oder als Stabsstelle angebunden an die Personalabteilung.

Die Aufgaben sind in der Regel die gleichen: Mitarbeitende der mittleren Ebene wie Teamleitungen, Bereichs- und Abteilungsleitungen in ihrer Führungskompetenz stärken. Die Kontrakte können folgendermaßen zustande kommen:

- Die Teamleiterin bittet um Unterstützung, zum Beispiel weil sie einen Konflikt zwischen ihren Mitarbeitenden allein nicht lösen kann, oder
- eine übergeordnete Führungskraft empfiehlt ihren nachgeordneten Kollegen nachdrücklich das Coaching zur Stärkung und Reflexion der Leitungsrolle – hier ist die Parallele zum »verordneten Coaching« deutlich, oder
- Mitarbeitende, die für Leitungsaufgaben als geeignet ausgesucht werden, bekommen das Coaching im Sinne eines Führungskräftetrainings.

Die Begrenzung auf klassisches Coaching ist bei internen Coaches eher selten. Das erschwert ihre Rollenfindung, da die Mitarbeiterinnen und Mitarbeiter nicht immer genau wissen, in welcher Rolle und mit welchen Intentionen sie dem Coach begegnen. Deshalb ist für die Internen die Rollenpositionierung oft eine ständige Herausforderung, um Misstrauen abzubauen oder besser erst gar nicht aufkommen zu lassen. Um nicht Teil des Systems und damit Teil des Problems zu werden, sollten Interne öfter mal »frische Luft« außerhalb ihrer Organisation schnuppern.

Coaching by Walking

Ein anderes Coachingsetting ist es, die Beratung im Gehen durchzuführen, bekannt auch als »Walk to Talk«. Es bietet sich in allen Situationen an, die krisenhaft sind und nach einer Neuausrichtung suchen. Für manche Coachees ist es entlastend, mehr Distanz zum Coach zu haben. Wobei man einwenden könnte, dass gerade das Nebeneinanderlaufen sich durch große Nähe auszeichnet. Doch durch die flexible Gestaltung des Augenkontaktes können Nähe und Distanz gut reguliert werden. Das Gehen ohne direkten Augenkontakt bietet auch einen gewissen Schamschutz, um unangenehme Dinge anzusprechen. Miteinandersprechen ist vom Druck eines laufenden Flusses befreit. Pausen und auch längere Schweigeeinheiten sind beim Gehen aus anderen Zusammenhängen vertraut und üben keinen Druck aus (vgl. Betz & Reichel, 2021). Dennoch sind Coach und Coachee auf ihre je eigene Art in spürbarem Kontakt und in Resonanz miteinander.

Walk to Talk bietet sich auch an, wenn die zu bearbeitenden Themen erst freigelegt werden müssen, das heißt, wenn Coachees spüren, dass es um ein tieferes Anliegen geht, dass nicht so einfach zu benennen ist. Die Erfahrung zeigt, dass durch Bewegung auch schwierige Themen in Bewegung kommen, Herz und Hirn werden an der frischen Luft in spezifischer Weise stimuliert und das Glückshormon Endorphin wird freigesetzt, während das Stresshormon Cortisol abgebaut werden kann. Gedanken, Assoziationen und Gefühle können eher zugelassen und gespürt werden (vgl. Weber & Istas, 2022). Die Weite des Blicks und das druckfreie Entscheiden fürs Sprechen oder Schweigen schafft eine ungeahnte Tiefe, unterdrückte Trauer, Kränkungen und Ärger können gespürt werden, verborgene Gedanken können geäußert werden.

Nur in Ausnahmen findet ein gesamter längerer Coachingprozess im Gehen statt. In der Regel begrenzt er sich auf Stunden, die jeweils vereinbart werden.

Je nach Bedarf kann der Pfad im Coaching variieren. Coaches sollten die Laufstrecke gut kennen, sollten dafür sorgen, dass dort vertrauliche Gespräche ohne Beeinträchtigung durch Lärm etc. geführt werden können. Auf der Strecke liegen idealerweise auch Bänke, die im günstigen Falle frei sind, sodass auch Sitzpausen eingeplant werden können. Eine schöne Aussicht lädt ein, die Gedanken schweifen zu lassen. Manchmal ergeben sich dabei lockere Gespräche über Alltagsthemen. In der Nähe unseres Instituts gibt es in wenigen Fußminuten einen kleinen Park mit einem See, der sich ideal anbietet.

Intervision und Netzwerk

Auf den ersten Blick wirkt das Setting im Coaching sehr übersichtlich: Nur zwei Menschen sitzen sich gegenüber. Unsichtbar anwesend ist der Arbeitskontext der Coachees, wir sprechen deshalb auch beim (Einzel-)Coaching von einer Gruppen- beziehungsweise Systemintervention. Das erhöht die Komplexität um ein Vielfaches. Deshalb sollte man in komplexen Dynamiken nicht allein beraten – sondern sich innerlich kollegial verbunden fühlen – um vom Sturm der Dynamiken nicht weggeschwemmt zu werden. Es braucht diese Sicherheit gebenden Halteseile für den Coach und damit auch für den Coachee.

Um in dieser Komplexität als Coach die Orientierung nicht zu verlieren, empfehlen wir unbedingt, sich als Coach zu vernetzen, das heißt, mit Kolleginnen und Kollegen professionell verbunden zu sein, um so Austauschmöglichkeiten zu haben und das Gefühl zu bekommen, im Prozess innerlich nicht allein – gar einsam – zu sein. Günstig ist es, wenn sich aus dem *kollegialen Netzwerk* gleichzeitig die Intervisionsgruppe bildet.

In der Intervisionsgruppe werden Fälle kollegial besprochen. Sie ist eine Art Clearingstelle; hier können die Beteiligten frei und ohne Scham- und Schuldgefühle über Dinge sprechen, die für sie schwierig oder (vermeintlich) schiefgegangen sind. Diesen Container zu haben hilft, die unangenehmen Gefühle des Nicht-Wissens, Eindrücke des unglücklich Gelaufenen oder des Scheiterns dahingehend zu klären, was die eigene Beteiligung dabei sein könnte und welchen Anteil die Dynamik der Organisation dabei gehabt haben könnte, dass es so kam, wie es kam. Für jeden Beratungsprozess ist es nach unseren Erfahrungen eine Einschränkung, wenn Coaches mit dem Gefühl belastet sind, einen Fehler gemacht zu haben, und den im Schubfach »Schuldgefühl« ablegen.

In jeder Beratung geht es, salopp gesagt, darum, etwas Festgefahrenes in Bewegung zu bringen oder Neues auszuloten. Und der beste Weg dahin ist, dass die Beraterin oder der Berater sich innerlich frei bewegen kann, dabei Impulse, Wünsche, Ängste und dergleichen spürt und die Bewegungslust nicht durch Schuldgefühle oder Ängste eingeschränkt ist. Das ist freilich zuerst ein intrapsychischer Vorgang. Das Spüren der inneren Bewegungslust und Bewegungsangst eröffnet neue Wahrnehmungs- und meist auch Handlungsdimensionen (siehe Kapitel »Triangulierung«).

Eine wichtige Frage ist hier, wie die Komplexität des Falls in der Besprechung in der Intervisionsgruppe (dem Zusammenschluss von Kollegen) sichtbar wird? Wenn die Falleinbringerin ihr Anliegen aus dem Bauch vorträgt, das heißt nicht durch Notizen und Ähnliches abgelenkt ist, können wir regelmäßig sogenannte *Spiegelphänomene* in der Gruppe beobachten. Durch das *Spiegelungsphänomen* wird ein Zugang zur von Betroffenen geschilderten Beziehungssituation geschaffen, der die erlebte Situation widerspiegelt. Es gilt der Grundsatz: Alles, was in der Intervisionsgruppe gefühlt, erlebt, gesagt (und manchmal auch verschwiegen), gedacht und fantasiert wird, hat mit der Person oder Rolle der Coachees zu tun. In der Identifikation der Kolleginnen und Kollegen mit den Personen des eigentlichen Geschehens können auch unbewusste oder verdrängte Inhalte ans Tageslicht kommen.

Des Weiteren können wir manchmal in einem sogenannten *Parallelprozess* beobachten, dass die Kollegin, die den Fall vorstellt, dazu neigt, sich wie ihr Coachee zu verhalten und wie er zu fühlen. Die Kolleginnen und Kollegen aber verhalten sich eher so wie die Fallvortragende in der Situation mit dem Coachee. Das bietet der Coach einen sinnlichen Zugang zum momentanen Gefühlszustand des Coachee und liefert mögliche Antworten auf die Frage, was ihm in dieser Situation guttun würde und was vielleicht eher nicht. Für die Arbeit in der Interventionsgruppe ist es wichtig, dass sie ein Verständnis für die Spiegelphänomene entwickelt, um der Falleinbringerin die Dynamik des Falls verständlich zu machen. Wir plädieren also für eine »permanente Analyse«, wie Freud es einmal ausdrückte und damit den lebenslangen Prozess der Reflexion der eigenen Berufspraxis meinte.

Vernetzung brauchen wir auch, damit wir uns in Institutionen, in denen mehrere Beratungsaufträge zu bearbeiten sind, mit Kollegen zusammentun können. Manchmal ist es auch sinnvoll, dass Aufträge zu zweit bearbeitet werden. Gut ist es dann, auf ein Netzwerk mit vertrauten Kolleginnen bauen zu können.

Literatur

Alÿs, F. (1999–2001). *El ensayo (The Rehearsal).* https://francisalys.com/el-ensayo/ (08.04.2023).

Backhausen, W. & Thommen, J.-P. (2003). *Coaching – Durch systemisches Denken zu innovativer Personalentwicklung.* Wiesbaden: Springer Gabler.

Baecker, D. (2002). Die gesellschaftliche Form der Arbeit. In ders. (Hrsg.), *Archäologie der Arbeit.* Berlin: Kadmos.

Beck, D.E. & Cowan, C.C. (2007). *Spiral Dynamics. Leadership, Werte und Wandel.* Bielefeld: Kamphausen.

Behrens, H. (2005). *Nicht vereinigt. West- und ostdeutsche Erinnerungsgemeinschaften als Herausforderung für die politische Bildung jenseits der Schule.* Deutschlandarchiv.

Berne, E. (1991). *Transaktionsanalyse der Intuition. Ein Beitrag zur Ich-Psychologie* (4. Auflage). Paderborn: Junfermann.

Bernhardt, F. (2021). *Rache. Über einen blinden Fleck der Moderne.* Berlin: Matthes & Seitz.

Bettelheim, B. (1978). *Der Weg aus dem Labyrinth. Leben lernen als Therapie.* Frankfurt am Main, Berlin, Wien: Ullstein.

Betz, F. & Reichel, R. (2021). *Schweigen macht Sinn.* Wien: Facultas.

Bion, W.R. (1970). *Attention and Interpretation. A scientific approach to insight in psychoanalysis and groups.* London: Routledge.

Bion, W.R. (1990). *Erfahrungen in Gruppen und andere Schriften.* Frankfurt am Main: Fischer.

Böhle, F. (2017). *Arbeit als Subjektivierendes Handeln. Handlungsfähigkeit bei Unwägbarkeiten und Ungewissheit.* Wiesbaden: Springer VS.

Böhme, G. (1995). *Atmosphäre. Essays zur neuen Ästhetik.* Frankfurt am Main: Suhrkamp.

Bolognini, S. (2017). *Das Ereignis der Einfühlung. Zwei Psychoanalytische Reflexionen.* Wien, Berlin: Turia + Kant.

Buchholz, M. (1993). *Dreiecksgeschichten.* Göttingen: Vandenhoeck & Ruprecht.

Buber, M. (1999). *Das dialogische Prinzip.* Gütersloh: Gütersloher Verlagshaus

Buer, F. (2009). Worum es in der Beratung von *professionals* im Grunde geht: Sinnfindung in der Arbeit durch verantwortetes Streben nach Glück. In H. Pühl (Hrsg.), *Handbuch Supervision und Organisationsentwicklung* (3. aktualisierte und erweiterte Auflage) (S. 55–74). Wiesbaden: VS Verlag für Sozialwissenschaften.

Busse, S. & Tietel, E. (2018). *Mit dem Dritten sieht man besser. Triaden und Triangulierung in der Beratung.* Göttingen: Vandenhoeck & Ruprecht.

Coaching nur ein Placebo? (2006). Studie. *Wirtschaft + Weiterbildung* 1/2006, 46–53.

Crepaldi, G. (2019). Das Subjekt der Arbeit. Psychoanalytische und kulturkritische Provokationen. *Psychoanalyse im Widerspruch 31*(1), 90–110. https://doi.org/10.30820/0941-5378-2019-1-90

Das Kasseler Coaching Inventar (o.J.) http://extras.springer.com/ (steht nach Eingabe der ISBN 978-3-642-37965-9 als Download zur Verfügung; 26.03.2023).

de Botton, A. (2012). *Freuden und Mühen der Arbeit*. Frankfurt am Main: Fischer.

Die konvivialistische Internationale (2020). *Das zweite konvivialistische Manifest. Für eine post-neoliberale Welt*. Bielefeld: transcript.

Dorn, T. (2021). *Trost. Briefe an Max*. München: Penguin.

Duden (o.J.). https://www.duden.de/rechtschreibung/agil (26.03.2023).

Eckert, A. (2016). Why all the fuss about Global Labour History?. In A. Eckert (Hrsg.), *Global History of Work*. Berlin, Boston: De Gruyter.

economists4future (o.J.). https://econ4future.org/ (26.03.2023).

Eisenberg, G. (1990). Wer nicht arbeitet, soll auch nicht essen! – Zur Sub- und inneren Kolonialgeschichte der Arbeitsgesellschaft. *Psychosozial, 43*, 103–115.

Ende, M. (1973). *Momo*. Stuttgart: Thienemann.

Engler, W. (2002). *Die Ostdeutschen als Avantgarde*. Berlin: Aufbau-Verlag.

Erlinghagen, R. & Witzel, R. (2019). *Positionen. Jetzt seid ihr dran. Über Agilität*. Kassel: University Press.

Fechler, B. (2014). Konfliktmanagement als Regulation der moralischen Anerkennungsökonomie. In K. Faller, B. Fechner & W. Kerntke: *Systemisches Konfliktmanagement* (S. 19–34). Stuttgart: Schäffer-Poeschel.

Felber, C. (2018). *Die Gemeinwohl-Ökonomie*. München. Piper.

Ferrari, E. (2011). *Teamsyntax. Teamentwicklung und Teamführung nach Syst®*. Aachen: SySt®Media.

Ferrari, E. (2012). *Führung in einem Satz*. Aachen: SySt®Media.

Foucault, M. (1973). *Wahnsinn und Gesellschaft*. Frankfurt am Main: Suhrkamp.

Freud, S. (1937). Die endliche und unendliche Analyse. *GW XVI*, S. 59–99.

Friedrich, S. (2016). *Lexikon der Leistungsgesellschaft. Wie Neoliberalismus unseren Alltag prägt*. Münster. Edition assemblage.

Fromm, E. (1981 [1956]). *Die Kunst des Liebens*. Frankfurt am Main: Fischer.

Fundational Economy Collective (2019). *Die Ökonomie des Alltagslebens. Für eine neue Infrastrukturpolitik*. Berlin: Suhrkamp.

Giernalczyk, T. & Möller, H. (2018). *Entwicklungsraum. Psychodynamische Beratung in Organisationen*. Göttingen: Vandenhoeck & Ruprecht.

Gigerenzer, G. (2008). *Bauchentscheidungen – Die Intelligenz des Unbewussten und die Macht der Intuition* (14. Auflage). München: Goldmann.

Göpel, M. (2020). *Unsere Welt neu denken*. Berlin: Ullstein.

Grieser, J. (2017 [2015]). *Triangulierung* (2. Auflage). Gießen: Psychosozial-Verlag.

Gutjahr, F. & Möller H. (2022). Weinen im Coaching – oder: Gehört der Taschentuchspender in jede Coachingpraxis? *Organisationsberatung, Supervision, Coaching, 29*(2), 209–224.

Hallier, H. (2017). Achtsamkeit in der Supervision. In H. Pühl (Hrsg.), *Das aktuelle Handbuch der Supervision*. Gießen: Psychosozial-Verlag.

Hantschk, I. (1994). Rollenberatung, in: H. Pühl (Hrsg.), *Handbuch der Supervision 2* (S. 162–172). Berlin: Edition Marhold.

Haubl, R. (2018). *Emotionen bei der Arbeit. Reflexionshilfen für Beratende*. Göttingen: Vandenhoeck & Ruprecht.

Haubl, R. & Voß, G. (2011). *Riskante Arbeitswelt im Spiegel der Supervision. Eine Studie zu den psychosozialen Auswirkungen spätmoderner Erwerbsarbeit.* Göttingen: Vandenhoeck & Ruprecht.

Heigl, A. (1978). *Konzepte der analytischen Gruppenpsychotherapie*, Göttingen: Vandenhoeck & Ruprecht.

Honneth, A. (1992). *Kampf um Anerkennung*. Frankfurt am Main: Suhrkamp.

Irle, G. (2001). Mediation – Moderation – Supervision: ein Vergleich. *Gruppendynamik und Organisationsberatung, 32*(1), 5–20.

Jaeggi, R. (2016 [2005]). *Entfremdung – Zur Aktualität eines sozialphilosophischen Problems* (Neuausgabe). Frankfurt am Main: Suhrkamp.

Jung, C.G. (1966). *GW 9/1*, §44. Zürich: Rascher.

Kentridge, W. (2018). *In Verteidigung der weniger guten Idee*. Wien, Berlin: Turia + Kant.

Kölle, B. (2013). *Besser scheitern*: Film und Video. Hamburg: Hamburger Kunsthalle.

Kühl, S. (2006). Den Einfluss der PE nicht überschätzen. *Wirtschaft + Weiterbildung* 1/2006.

Laloux, F. (2015). *Reinventing Organisations – Ein Leitfaden zur Gestaltung sinnstiftender Formen des Zusammenarbeitens*. München: Vahlen.

Latour, B. (2007). *Elend der Kritik. Vom Krieg um Fakten zu Dingen von Belang*. Zürich-Berlin: diophanes.

Lohre, M. (2019). *Das Opfer ist der neue Held. Warum es heute Macht verleiht, sich machtlos zu geben*. München: Penguin.

Looss, W. (1993 [1991]). *Coaching für Manager. Problembewältigung unter 4 Augen* (3. Auflage). Landsberg/Lech: Moderne Industrie.

Looss, W. (2013) Gestaltorientierte Diagnosearbeit im Coaching: Eine Kartographie des Lebendigen. In H. Möller & S. Kotte (Hrsg.), *Diagnostik im Coaching. Grundlagen, Analyseebenen, Praxisbeispiele*. Berlin, Heidelberg: Springer.

Losmann, C. (2011). *Work hard – play hard*. Hupe Film in Co-Produktion mit dem ZDF, in Zusammenarbeit mit Arte.

Luhmann, N. (2009). Zur Komplexität von Entscheidungssituationen. *Soziale Systeme, 15*(1), 3–35.

Marx, K. (1972 [1844]). *Das Kapital, Erster Band*. Frankfurt am Main: Fischer.

Meyen, M. (2013). *»Wir haben freier gelebt« Die DDR im kollektiven Gedächtnis der Deutschen*. Bielefeld: transcript.

Möller, H. & Kotte, S. (Hrsg.). (2013). *Diagnostik im Coaching. Grundlagen, Analyseebenen, Praxisbeispiele*. Berlin, Heidelberg: Springer.

Obermeyer, K. (2019). Verstörte Touristen – Das Befremdungserleben in der Supervision als Last und Ressource. In K. Obermeyer H. Pühl (Hrsg.), *Übergänge in Beruf und Organisation* (S. 151–168). Gießen: Psychosozial-Verlag.

Obermeyer, K. (2023, im Druck). *Arbeitsgeschichten. Narrative Zugänge in Beratung, Coaching und Supervision*. Göttingen: Vandenhoeck & Ruprecht.

Obermeyer, K. & Pühl, H. (2015). *Teamcoaching und Teamsupervision – Praxis der Teamentwicklung in Organisationen*. Göttingen: Vandenhoeck & Ruprecht.

Opitz, F. (2012). *Speed. Auf der Suche nach der verlorenen Zeit*. München: Riemann.

Palzer, T. (2018). Gefühlte Wahrheiten. Über Ahnungen, Vermutungen und Gespür. https://www.deutschlandfunk.de/gefuehlte-wahrheiten-ueber-ahnungen-vermutungen-und-gespuer-100.html (22.03.2023).

Parin, P. (1978). *Der Widerspruch im Subjekt. Ethnoanalytische Studien*. Frankfurt am Main: Syndikat.

Pfläging, N. & Hermann, S. (2015). *Komplexithoden – Clevere Wege zur (Wieder)Belebung von Unternehmen und Arbeit in Komplexität*. München: Redline.

Porges, S.W. (2019). *Die Polyvagal-Theorie und die Suche nach Sicherheit* (3. Auflage). Lichtenau: G.P. Probst.

Pühl, H. (1987). Supervision zwischen Institution und Therapie. *Theorie und Praxis der sozialen Arbeit*, 2.

Pühl, H. (1990) Einzelsupervision im Schnittpunkt von persönlicher und beruflicher Rolle. In ders. (Hrsg.), *Handbuch der Supervision 1* (S. 259–267). Berlin: Edition Marhold.

Pühl, H. (1998). *Team-Supervision: Von der Subversion zur Institutionsanalyse*. Göttingen: Vandenhoeck & Ruprecht.

Pühl, H. (2000). Einzel-Supervision – Coaching – Leitungsberatung – Drei Begriffe für dieselbe Sache? In ders. (Hrsg.), *Handbuch der Supervision 2* (2. überarbeitete Auflage). Berlin: Leutner.

Pühl, H. (2009). Wir machen (malen) uns ein Bild Ihrer Institution. In H. Neumann-Wirsig (Hrsg.), *Supervisions-Tools* (S. 126–128). Bonn: Manager Magazin.

Pühl, H. (2016). Innere Freiheit, Bewegungslust und der Mut zur Präsenz. In K. Obermeyer & H. Pühl (Hrsg.), *Die innere Arbeit des Beraters* (S. 59–76). Gießen: Psychosozial-Verlag.

Pühl, H. (2018). *OrganisationsMediation – Grundlagen und Anwendungen gelungenen Konfliktmanagements*. Gießen: Psychosozial-Verlag.

Pühl, H. (2022). *Die innere und äußere Triade*. Gießen: Psychosozial-Verlag.

Rappe-Giesecke, K. (2008). *Triadische Karriere-Beratung*. Köln.

Rappe-Giesecke, K. (2017). Sondierung – Von der Beratungsanfrage zum Kontrakt. In H. Pühl (Hrsg.), *Das aktuelle Handbuch der Supervision* (S. 64–80). Gießen: Psychosozial-Verlag.

Rautenberg, M. (2020). *Zen in der Kunst des Coachings*. Heidelberg: Carl-Auer.

Reik, T. (1948). *Listening with the third ear: The inner experience of a psychoanalyst*. New York: Farrar, Straus and Giroux. (Dt. Ausgabe u.a.: *Hören mit dem dritten Ohr*. Frankfurt am Main: Fischer [1983]).

Richter, H.-E. (1972). *Die Gruppe. Hoffnung auf einen neuen Weg, sich selbst und andere zu befreien. Psychoanalyse in Kooperation mit Gruppeninitiativen*. Reinbek bei Hamburg: Rowohlt. (Erweiterte Neuausgabe [1995]. Gießen: Psychosozial-Verlag.)

Rogers, C. (1972). *Die klientenzentrierte Gesprächspsychotherapie*. Frankfurt am Main: Fischer.

Rosa, H. (2019a). *Die Quelle der Angst und die Nabelschnur zum Leben: Erich Fromms Philosophie aus resonanztheoretischer Sicht*. Erich Fromm Dokumentationszentrum.

Rosa, H. (2019). *Resonanz*. Frankfurt am Main: Suhrkamp.

Rosa, H. (2021). *Unverfügbarkeiten*. Salzburg: Residenz.

Satir, V. (2015). *Selbstwert und Kommunikation: Familientherapie für Berater und zur Selbsthilfe*. Stuttgart: Klett-Cotta.

Scharmer, C.O. (2014). *Theorie U*. Heidelberg: Carl-Auer.

Scharmer, C.O. (2022). https://www.youtube.com/watch?v=VZ7VTQeJaEo (15.04.2022).

Schein, E. (2010). *Prozessberatung für die Organisation der Zukunft*. Bergisch Gladbach: EHP.

Schreyögg, A. (1998). *Coaching – Eine Einführung für Praxis und Ausbildung* (3. überarbeitete und erweiterte Auflage). Frankfurt am Main, New York: Campus.

Schreyögg, A. (2000). Coaching – Ergänzung oder Alternative zur Organisationsberatung? In H. Pühl (Hrsg.), *Supervision und Organisationsentwicklung* (2. Auflage, S. 274–281). Opladen: Leske und Budrich.

Schreyögg, A. (2002). *Konfliktcoaching*. Frankfurt am Main, New York: Campus.

Schreyögg, A. (2005). *Coaching von Doppelspitzen – Anleitung für den Coach*. Frankfurt am Main, New York: Campus.

Schreyögg, A. (2010). *Coaching für die neu ernannte Führungskraft*. Wiesbaden: VS Verlag für Sozialwissenschaften.

Scudder, H. E. (1899). (Hrsg.). *The Complete Poetical Works of John Keats*. Boston: Riverside Press.

Selvini-Palazzoli, M., Anolli, L. & DiBlasio, P. (1984). *Hinter den Kulissen der Organisation*. Stuttgart: Klett-Cotta.

Sievers, B. (1985). Rollen und Beratung in Organisationen. Ein Gespräch zwischen W. Weigand und B. Sievers. *Supervision* 7/1985. (Auch in: *Organisationsentwicklung* 5/1986.)

Simon, F. B. (2013). *Wenn rechts links ist und links rechts. Paradoxiemanagement in Familie, Wirtschaft und Politik*. Heidelberg: Carl-Auer.

Sloterdijk, P. (2011). *Stress und Freiheit*. Berlin. Suhrkamp.

Sonntag, J. (2015). Atmosphäre – Ein Schlüsselbegriff für die künstlerische Arbeit in sozialen Feldern. In H. Jahn & P. Sinapius (Hrsg.), *Transformation – Künstlerische Arbeit in Veränderungsprozessen*. Hamburg, Potsdam, Berlin: University Press.

Stahl, H. K. & Fischer, H. R. (2013). Herausforderungen im Dazwischen. Balanceakt des neuen Führens. *KonfliktDynamik*, 2(2), 96–105. https://doi.org/10.5771/2193-0147-2013-2-96

Stuber, T. (2018). *In den Gängen*. EuroVideo Medien GmbH.

Studie Konfliktkosten (o. J.). https://kpmg-law.de/content/uploads/2018/07/2009_Konfliktkosten_Reibungsverluste_in_Unternehmen.pdf (01.08.2022).

Thiery, H. (2022). *Was ist Online-Beratung. Ein differenztheoretischer Vergleich*. Dudenhofen: Deutschsprachige Gesellschaft für psychosoziale Online-Beratung e.V. (DGOB). https://dg-onlineberatung.de/wp-content/uploads/2022/09/Definition-Online-Beratung-Langtext.pdf (07.04.2023).

Tietel, E. (2009). *Emotion und Anerkennung in Organisationen*. Münster: LIT.

Varga von Kibéd, M. & Sparrer, I. (2009). *Ganz im Gegenteil. Tetralemmaarbeit und andere Grundformen Systemischer Strukturaufstellungen – für Querdenker und solche, die es werden wollen*. Heidelberg: Carl-Auer.

Varga von Kibéd, M. (2007). Von der moralischen zur ökonomischen Ethik, Schuld und Ausgleich in der systemischen Therapie. *Theologisch-Praktische Quartalschrift*, Band 155, S. 367–372.

Volk, T. (2019). *Spielen, um zu gewinnen. Macht und Wirksamkeit in Organisationen*. Göttingen: Vandenhoeck & Ruprecht.

von Witzleben, G. (2019). *Das triadische Prinzip – Minimalinvasive Psychologie mit Bauch, Herz und Kopf*. Heidelberg: Carl-Auer.

Vosswinkel, St. (2019). Entfremdung und Aneignung in der Arbeit. In F. Böhle & E. Sanghass-Knobloch (Hrsg.), *Andere Sichtweisen auf Subjektivität – Impulse für kritische Arbeitsforschung*. Wiesbaden: Springer VS.

Watzlawik, P. (2021 [1983]). *Anleitung zum Unglücklichsein* (3. Auflage). München: Piper.

Weber, J.-F. & Istas, E. (2022). *Beratung in Bewegung: Praxisbuch für Coaching und Therapie in der Natur*. Stuttgart: Klett-Cotta.

Weigand, W. (2009). Methodenfetischismus und Angstabwehr. In H. Pühl (Hrsg.), *Handbuch der Supervision 3* (S. 261–277). Berlin: Leutner.

Weigand, W. (2012). Der Gang ins Zentrum der Macht. In R. Heltzel & W. Weigand (Hrsg.), *Im Dickicht der Organisation. Komplexe Beratungsaufträge verändern die Beraterrolle* (S. 117–161). Göttingen: Vandenhoeck & Ruprecht.

Wellendorf, F. (1996). Überlegungen zum »Unbewussten« in Organisationen. In H. Pühl (Hrsg.), *Supervision – Aspekte organisationeller Beratung* (S. 173–186). Berlin: Leutner.

Wellendorf, F. (2000). Supervision als Institutionsanalyse und zur Nachfrageanalyse. In H. Pühl (Hrsg.), *Handbuch der Supervision 2*, (2. Auflage, S. 30–40). Berlin: Leutner.

Wilber, K. (2001). *Ganzheitlich handeln*. Freiamt: Arbor.

Wilber, K. (2009). *Mut und Gnade*. Frankfurt am Main. Fischer.

Wilber, K. (2016 [1997]). *Eine kurze Geschichte des Kosmos* (16. Auflage). Frankfurt am Main: Fischer.

Winnicott, D.W. (2020 [1974]). *Reifungsprozesse und fördernde Umwelt*. Gießen. Psychosozial-Verlag.

Yalom, I.D. (2010). *Existentielle Psychotherapie* (5. korrigierte Auflage). Bergisch Gladbach: EHP.

Zwack, J. & Bossmann, U. (2017). *Wege aus beruflichen Zwickmühlen. Navigieren im Dilemma*. Göttingen: Vandenhoeck & Ruprecht.

Sach- und Personenregister

V

W

Y

Z

Harald Pühl

Die innere und äußere Triade

Beratungshaltung im Spiegel der persönlichen Biografie

2022 · 121 Seiten · Broschur
ISBN 978-3-8379-3210-2

Sich in einem Beratungssystem triadisch zu bewegen, bedeutet, in Dreiecksbeziehungen zu denken und entsprechend zu handeln. Das beinhaltet, sich nicht in Bündnisse zu verstricken, denn Bündnisse behindern oft die Entwicklung in Organisationen. Präsenz in der Beratung und der Mut, die Position des Dritten einzunehmen, öffnen Räume für Entfaltung und machen Fortschritte wieder möglich.

Harald Pühl verbindet seine persönliche Biografie mit der Theorie und Praxis der inneren und äußeren Triangulierung. Es wird deutlich, dass erst das Verstehen der eigenen Ausschluss- und Einbindungserfahrungen den Weg zur Triangulierung eröffnet – und damit zur Bewegungsfreiheit und Leidenschaft in der Beratung.